本书获得中南财经政法大学武汉学院博士科研启动经费资助

中国环境规制对技术创新的影响

江珂⊙著

ZHONGGUO HUANJING GUIZHI DUI JISHU CHUANGXIN DE YINGXIANG

知识产权出版社
全国百佳图书出版单位

图书在版编目（CIP）数据

中国环境规制对技术创新的影响/江珂著. —北京：知识产权出版社，2015.4
ISBN 978-7-5130-3045-8

Ⅰ. ①中… Ⅱ. ①江… Ⅲ. ①环境政策-影响-技术革新-研究-中国 Ⅳ. ①F124.3

中国版本图书馆 CIP 数据核字（2014）第 228765 号

内容提要

本书以环境规制对技术创新的影响为主题，在总结相关文献、回顾相关理论、归纳研究环境规制变量测度的基础上，分别从地区和行业的角度，实证研究环境规制对技术创新的影响，并比较分析了不同类型环境规制政策工具对技术创新的影响效果的差异，同时总结了日本、美国和欧盟在利用环境规制促进技术创新方面的经验。这些研究为我国政府选择环境规制政策工具提供了理论和现实经验依据，并提出了相应的对策建议，以期促进环境规制对技术创新的推动作用，实现可持续发展。

责任编辑：张水华 **责任出版**：孙婷婷

中国环境规制对技术创新的影响

江 珂 著

出版发行：知识产权出版社有限责任公司
网　　址：http：//www.ipph.cn
社　　址：北京市海淀区马甸南村 1 号
邮　　编：100088
责编电话：010-82000860 转 8389
责编邮箱：miss.shuihua99@163.com
发行电话：010-82000860 转 8101/8102
发行传真：010-82000893/82005070/82000270
印　　刷：北京中献拓方科技发展有限公司
经　　销：各大网上书店、新华书店及相关专业书店
开　　本：700mm×960mm 1/16
印　　张：10.75
版　　次：2015 年 4 月第 1 版
印　　次：2015 年 4 月第 1 次印刷
字　　数：200 千字
定　　价：35.00 元
ISBN 978-7-5130-3045-8

目　　录

内容摘要

目前，关于环境规制促进技术创新的研究已经成为制度经济学和环境经济学领域中的重要研究课题之一，国内外学者正在进行大量的相关理论研究和实证研究，并且，环境规制是否对技术创新有激励作用以及激励程度如何，已成为判断环境规制政策是否有效的重要标准之一。

我国作为发展中国家在此研究领域的起步较晚，但随着环境问题的日益突出，学者们对该问题越来越重视。中国正处于重化工业的高速发展阶段，在平衡经济发展与环境保护之间面临着较多的难题。中国政府在制定和实施环境规制政策时，一方面要控制环境污染，另一方面也要坚持经济效益原则，减少成本和效益损失。人们也逐渐认识到科学、有效地设计环境规制政策来推动技术创新，有利于解决环保低碳和节能减排问题。

本书在总结相关文献，回顾环境规制理论、技术创新理论及环境规制对技术创新的理论影响机制，并重点归纳研究了环境规制变量的测度方法的基础上，分别从地区和行业的角度，实证研究环境规制对技术创新的影响，并比较分析了不同类型环境规制政策工具对技术创新的影响效果的差异，研究结论表明：第一，环境规制对技术创新的影响存在着区域差异，对西部区域的技术创新没有影响，对于东部和中部区域，只有当人力资本水平较高时，环境规制对技术创新才有显著的促进作用；第二，环境规制对技术创新的影响存在着行业差异，环境规制程度的提高能够显著地促进重污染行业企业的技术创新，但环境规制对中度及轻度污染行业技术创新的影响作用不显著；第三，不同的环境规制政策工具对技术创新的影响存在着较大的差异。以上结论为我国政府制定环境规制政策工具提供了理论依据。作者还总结了日本、美国和欧盟在利用环境规制促进技术创新方面所做的尝试和努力，为我国政府选择环境规制政策工具提供现实经验依据。最后，根据全文的研究，作者从环境规制的地区政策、行业政策、环境规制工具类型的选择及与环境规制相协调的配套政策等四个方面提出了相应的对策建议，以期促进我国环境规制对技术创新的推动作用，实现我国经济的可持续发展。

随着中国的污染问题越来越严重以及人们对环境问题的重视，环境规制的相关研究有待进一步深入，这将有助于实现我国环境保护与经济发展的双赢。

Abstract

At present, the research about environmental regulation to promote technological innovation becomes a significant study of the institutional economics and environmental economics. Scholars have done a lot of theoretical research and empirical research, whether or to what extent environmental regulation can promote technological innovation becomes one of the most significant standard to measure whether the environmental regulation is efficient.

As a developing country, the research of this area started later in China, but along with the serious environmental problem, scholars pay more attention to the problem. Chinese is in a stage of rapid development of heavy industry, and face with many difficulties in the balance between economic development and environmental protection. When make and implement environmental regulation policies, Chinese government on one hand, must control environmental pollution, on the other hand, insist on economic benefits, reduce the loss of cost and productiveness. People gradually realize that the scientific and effective design of environmental regulation policy, which promote technological innovation, is benefit for the environmental protection and low-carbon and energy-saving and emission-reduction.

Summarize the related literature, and based on the theories of environmental regulation, technological innovation, the impact of environmental regulaion on technological innovation, the measurement approaches of environmental regulation, the dissertation empirically study the impact of evironmetal regulation on technological innovation from the aspects of province and industry, and compare the effect of different type of environmental regulation tools on technological innovation. The results indicate that: First, the environmental regulation has different effect on the regional technological innovation, it has no significant positive effect on the technological innovation unless the human capital level is high, when connects with human capital, it can stimulate the enterprises' technological innovation on the east and the middle area, but the promoting function of the environmental regulation on the west area is not obvious. Second, the environmental regulation has different effect on the industrial technological innovation, it can stimulate the technological innovation of the Heavy Pollution Intensive Industry obviously, but the promoting function of the environmental regulation on the Middle Pollution Intensive Industry and Less Pollution Intensive Industry are not obvious. Third, Different environmental regulation tools have different effect on the technological innovation. the conclusions above provide the guidance of the environmental regulation policies. The dissertation sum-up the experiences of Japen, American and European Union, provide the guidance of chosen environmental regulation tools for Chinese government. At last, based on the research above, the dissertation makes some suggestions from four aspects: province, industry, the type of environmental regulation tool and other polices coordinate with environmental regulation, expect to realize the promotion of China's environmental regulaion on technological innovation, and sustainable development.

Along with the serious Chinese pollution situation, people pay more attention to the environmental problem. research area related to the environmental regulation needs to be explored in depth, which will help to realize the win-win situation of environmental protection and economic development.

第1章　绪论

1.1　选题的背景与意义

1.1.1　研究的背景

改革开放以来，我国经历了三十多年的高速增长，城市化进程与工业化进程极为迅速；西方发达国家曾经历过的环境污染、生态失衡等问题，已难以避免地提前出现在我国，某些问题甚至发展严重，已经成为经济可持续发展的瓶颈问题。我国"十二五"规划明确提出要实现环境与经济的和谐发展，同时这也是我国在更长时期内发展的目标。如何兼顾经济的良性发展与切实有效的环境保护，是一个必须深入研究的主题。

经济增长理论表明，技术创新是一个国家长期经济发展中重要的动力来源和决定因素。随着环境污染问题的日益严重以及人们环境保护意识的增强，世界各国政府把加强环境规制作为一个主要的规制领域，各国政府在制定环境政策时，十分关注生态环境与技术创新的关系。从长期来看，一方面，由于技术创新在解决环境问题的同时，又在维持生产率的增长中起着重要作用。另一方面，技术创新并不是存在于真空之中，政府的各种环境规制政策也会在一定程度上影响新技术的形成及其扩散的速度和深度。环境规制与企业技术创新之间的作用方式与作用效果，是环境保护与经济发展是否能够协调进行的关键问题。我国政府也意识到经济增长的刚性需求使得我国环境保护与经济发展的矛盾相对于其他发达国家的经历而言，表现得更为突出，恰如其分的环境规制政策显得尤为紧迫与重要，因此我国的环境规制政策不可避免地在这一问题上必须承担起更多的促进责任。

有效的环境规制政策应该是既能控制污染排放、保护环境，又能最大限度地激发技术创新，获得创新补偿的额外收益，推动被规制区域产业经济的增长。可见，技术创新是环境规制产生经济绩效的重要中间变量，是环境与经济的“双赢”能否实现的关键。克尼斯和舒尔茨（Kneese & Schultze，1975）提出，在较长时间范围内，环境规制政策是否有效唯一重要的标准，就是该规制是否促进了环境保护新技术的开发。近几十年来，关于环境规制对技术创新的影响问题，成为研究者和政策制定者共同探讨的焦点，人们在持续的研究过程中，逐渐了解到不同的环境规制政策对技术创新的影响，但在该领域的研究并不透彻，还需要继续深入下去。

部分研究者认为，实施环境规制政策会占用企业的创新资本，增加企业的运行成本，影响企业产品的市场竞争力，特别是对于污染密集型的产业（Pollution-Intensive Industries，PSI）或企业而言，这种影响尤为显著；而以波特（Porter）为代表的研究者则从动态的角度分析，认为实施严格环境规制的短期效应与长期效应是有区别的，短期内严格的环境规制确实会提高企业的运行成本，不利于提高企业竞争力，但从长期来看，在环境规制压力的约束下，企业也会在环境保护的相关改造与改进方面进行投资，开展管理创新和技术创新，这些因素的共同作用均有利于竞争力的提高，使企业获得环境和经济的双重红利（Double Dividend）。这一结论通常被称为“波特假说”或是规制与经济“双赢”的观点。波特认为环境规制推动技术创新的强有力证据是德国与日本企业的生产率与绩效的提高，用经验证据证明了环境规制的严格程度与环境技术专利数量之间正相关，德国与日本在实施严格的环境规制政策的同时产生了相关创新。

总之，如何协调经济增长和环境保护，对环境规制和技术创新之间的关系提出了新的课题，我们需要在技术创新和环境规制的联系以及两者间作用效果方面进行更多的研究。本文的选题正是基于上述思考，以实现“十二五”规划资源环境任务为目标，研究环境规制对技术创新的影响，研究如何针对国情提出相应的对策建议才有利于实现经济增长与环境保护协调发展。因此，如何设计符合我国国情的、综合的、最优环境规制政策，增强各地区和行业的技术创新能力，对于寻求经济与环境的可持续发展的路径具有非常重要的理论意义和现实意义。

1.1.2　研究的意义

1. 理论意义

本文基于环境规制政策激励的视角研究技术创新，综合运用制度经济学、产业经济学、环境经济学、生态经济学和创新理论等不同学科理论和方法，研究环境规制对技术创新作用的方式与效力，构建环境规制与技术创新的分析框架，将环境规制视为技术创新的制度控制变量，揭示技术效应的动态演化规律，强调制度因素的重要性，对发展环境规制理论具有重要的意义，同时也可以为政府制定环境规制政策提供理论依据。

2. 现实意义

目前，世界上许多国家均实施了环境规制政策，并期望这些政策工具能够有效地促进新技术的开发和使用，但需要明确的是，在实施环境规制政策过程中，不同地区、不同产业、不同类型的环境规制工具在不同的经济发展水平、不同的技术发展阶段，会产生不同的效果。对这些问题要有一个明确的认识，这也是我国政府设计推动技术创新的环境规制的前提。本研究在理论及实证分析中国环境规制对技术创新作用方式与效果的基础上，参考发达国家的发展历程，指出了中国环境规制政策工具效力最大化的实施条件，提出了针对性强的、切实有效的环境规制政策主张，这对于政府因地制宜地实施规制政策，企业正确选择环保技术、增强可持续发展竞争优势，都具有重要的现实意义和应用价值。

1.2 国内外文献综述[1]

1.2.1 环境规制对技术创新影响的理论研究

环境规制对技术创新影响的代表性理论主要有“制约假说”和“波特假说”。“制约假说”基于外部性理论认为，环境规制制约企业技术创新。阿尔弗雷德·马歇尔（Alfred Marshall）在19世纪末最早提出了外部性的概念。1932年，他的学生庇古在《福利经济学》中提出了“外部不经济”的观点，进一步完善了外部性理论，庇古认为所谓对于外部不经济或者外部经济，就是在经济活动中，对于市场无法自动解决的，政府就应进行干预；如果企业在自身没有损失的情况下会给其他企业或整个社会造成损失，此时边际私人成本将会小于边际社会成本；这种情形下，政府就应该对该企业征“税”；如果边际私人成本大于边际社会成本，政府就应当给予其补贴；所谓“庇古税”便指代了这种类型的税收政策。1960年，科斯在《社会成本问题》中对外部性理论进行了进一步研究，他认为“庇古税”制度存在着较大的问题，过高的成本费用会使“庇古税”制度成为效率较低的制度，如果能够合理地运用市场机制，就可使经济主体通过自由谈判达到较高的效益。通过比

---

[1] 本书的第1章第2节作为博士后研究的阶段性成果已经在《当代经济》杂志2011年第11期中发表，166～167页。

较“庇古税”政策与科斯政策的异同，不难发现这两种方案在本质上都是基于政府或社会的利益采取环境规制措施，将环境污染控制这样的外部性问题内部化，将社会成本具体化为企业的自身成本。从生产企业的角度看来，在技术资源条件不变的情况下，庇古和科斯的方案存在着一致性，即实施环境规制以实现社会收益，但同时将增加企业的生产成本，降低竞争力，减少收益。

与“制约假说”观点相反的是“波特假说”，即环境规制的实施会有利于推进技术创新。许多学者，如明德和普林斯（Milliman & Prince，1989）、辛普森和布莱德福德（Simpson & Bradford，1996）、尤普（Uiph，1996）、帕默（Palmer，1997）较早尝试从理论上证明“波特假设”，此后，西普帕德和泽伍（Xepapadeas & Zeeuw，1999）、罗伯特·莫尔（Robert D. Mohr，2002）、格雷克（Greaker，2003）等学者开展了更为深入的理论研究。其中，西普帕德和泽伍（Xepapadeas & Zeeuw，1999）提出的 X－Z 模型是比较典型的理论模型，在该模型中，环境规制强度用污染税来表示，技术水平用机器的使用时间来表示。研究发现，环境规制政策同时具有生产率效应和利润/排污效应，从而有可能促进技术创新。生产率效应意味着严格的环境规制将推动企业的技术进步，即机器平均使用时间下降和资本平均产出的提升；利润/排污效应指的是，严格的环境政策会使得企业的利润和污染排放量同时出现下降，但是污染的下降幅度要大于利润的下降幅度。总之，严格的环境规制产生了技术进步的效应，并且实际降低了污染水平。罗伯特·莫尔借鉴了西普帕德和泽伍的研究思路，但设定了严格的假设条件：首先，生产具有规模经济的外部性；其次，生产效率更高的新技术必须能够通过合适的方式从市场中获取；最后，新技术必须更加清洁、高效。他们的研究结论表明：实施环境规制政策不仅可以提高生产率，同时也能减少污染物的排放量，为波特假说提供了支持。阿姆彼克和巴勒（Ambec &

Barla, 2002）则通过六阶段博弈模型，分别就存在环境规制和不存在环境规制两种情况进行研究，结论表明：从社会福利的角度出发，环境规制政策制定者制定的政策有利于企业预期利润和 R&D（Research and Development，即研究与试验发展）产出的提高，从博弈论的角度表明了波特假说的有效性。格雷克（Greaker, 2003）研究了受环境规制政策影响的上游市场，即环境设备供应商的创新问题，发现严格的环境规制政策可以提高上游市场的竞争力，降低上游环境创新产业的退出壁垒，进而降低上游企业的创新成本，从一个新的视角支持了波特假说的存在。

比较“制约假说”和“波特假说”成立的前提假设。“制约假说”采用新古典经济学的静态标准：首先，假设企业完全理性，拥有完全信息和预期；其次，技术、消费者需求、资源配置都是固定的；企业在这些固定约束下选择成本最小化的资源配置，因此，传统假说认为环境规制的引入在短期内不可避免地会提高企业的成本，削弱其竞争力。“波特假说”成立的前提假设条件有两个：首先，从静态模型走向动态模型，将技术、资源配置和消费者需求等静态约束模型，变更为基于技术创新的动态模型；其次，环境规制政策工具必须设计恰当，因而能够有效地激励或促进企业开展技术创新活动。

“制约假说”理论忽视了企业行为的动态化。随着人们环境意识的加强，“波特假说”将更加贴合社会实际。随着人们对生态环境、资源节约的重视，可持续发展成为全球共识，企业及相关经济体如银行、投资人、消费者都越来越关注环保问题。银行更愿意向对环境负责的企业贷款；保险公司更愿意为对环境负责的企业承保；出色的员工更愿意为对环境负责的企业工作；消费者更愿意购买绿色产品；各种国际贸易规则及国际税收更多地与企业环境行为相关。企业在长期发展中应充分认识到这一发展趋势，积极改变传统的经营理念，将环保纳入企业生产经营的各个环节，找到新的发展机会，积极创新。

1.2.2 环境规制对技术创新影响的实证研究

1. 国外的研究

马伽特（Magat，1978）最早研究了技术创新的重要作用，他认为技术创新在降低污染治理成本的同时，还可有效提高生产效率和利润率，他还指出技术创新可以有效解决企业经济绩效与环保问题。1991年，波特（Porter，1991、1995）提出如果环境规制政策设计得恰当，将会有效激励技术创新，并产生创新补偿，抵消甚至超过环境成本，实现环境与经济的“双赢”，这被称为“波特假说”。在国外，“波特假说”的提出激发了学者们的研究兴趣。

（1）环境规制对技术创新影响的案例研究。案例研究通常是在企业层面上展开的，探讨具体的企业在面对正在实施的环境规制政策工具时如何决定新技术发展的方向，分析企业环境保护的投资、R&D投资与企业绩效间的关系，但这些问题现阶段还未完全厘清。

波特（Porter，1991）指出，由于有环境规制的约束，如美国杜邦漆公司就着手研究了破坏臭氧层的污染物的清洁处理技术。美国环境保护局的研究报告认为，空气清洁法案的实施，促进了有关涂料和油漆中低挥发性氧化物的新技术的发展，并且在实际中得到了推广应用。在欧洲，环保部门制定了排放物中化学需氧量（COD）的排放标准，提高了控制水污染领域的技术创新。

从案例的综合角度来看，企业应对环境规制的方式主要有：现有环境保护技术的推广运用、末端治理技术、渐进式技术创新等。只有出现较严重的环境危害而导致某些技术被禁用时才会发生根本性的技术创新，如CFC（氯氟烃）、PCBs（多氯联苯）等，因为只有彻底改变产品本身或者产品的生产方式，才能为禁止上市的产品开发创新出恰当的新产品或新技术。因此，在满足若干条件时，实施环境规制有利于促使企业开发新产品与新技术，从而达到保护环境的目的；但令人遗憾的是，从环境规制对于技术创新活动的影响方式及其作用水平问题的角度看，目前的案例研究工作大都没有进行深入探讨。

（2）实证检验环境政策对技术创新的效应。不少学者先后或正在进行研究，检验的结果出现“是与否”两种截然不同的描述。

其一，支持波特假说的实证。劳约翰和莫迪（Lanjouw & Mody，1996）运用美国20世纪80年代的面板数据进行了实证分析，结论显示环境规制的加强可促进技术创新。派克曼（Pickman，1998）采用污染削减和控制费用来表征实施环境规制的实际效果，采用统计学方法分析美国加工制造业环境技术专利数据后发现，环境规制和技术创新在统计学意义上呈正相关关系。纽厄尔等（Newell et al.，2002）研究了能源价格与相关的政策性因素对高耗能商品能效参数变化的影响，研究结果显示出能效标准的变化能够显著地影响产品平均能效。哈默拓（Hamamoto，2006）运用日本1966—1976年主要产业的统计数据分析环境规制对技术创新的影响，结论表明了污染治理支出与研发支出之间具有显著正相关。波比（Popp，2006）发现在美国、日本与德国，随着环境规制的加强，减少氮氧化物、二氧化硫排放的专利数量出现了显著的增长。卡曼·伊和罗伯特·因尼斯（Carmen. E & Robert Innes，2006）利用美国127个制造行业在1989—2002年的统计数据，对污染排放量与环保型技术专利数量之间的相关性进行了统计分析，他们的研究结果表明，环境规制能确实有效地激励企业创新。朗劳（Lanoie，2007）利用欧盟约4200家企业的企业数据，检验了环境规制与技术创新之间的关系，研究结论表明，环境规制可以促进一定种类的环境技术创新，并且相关技术创新可以有效地降低成本。哈斯克、约翰斯顿和米歇尔（Hascic，Johnstone & Michel，2008）研究环境规制政策的严格程度对环境友好技术专利的影响，发现环境规制导致的污染控制的政府支出与企业自身支出对技术创新的影响完全不同，自身支出对技术创新的推动有显著的作用，政府支出没有作用。约翰斯顿、哈斯克和波里尔等（Johnstone, Haščič & Poirier et al., 2011）利用77个国家在2001—2007年的非平衡面板数据考察公共环境规制政策对与环境保护相关的技术创新的影响，研究结果发现环境规制政策的严格程度对以专利度量的环境保护相关创新具有正向影响。

其二，不支持波特假说的实证。杰夫和帕默（Jaffe & Palmer, 1997）采用美国企业20世纪70年代至90年代的数据进行研究，结论表明环境规制政策所引致的企业研发活动没有显著的效应。布汉勒伽和科恩（Bhanagar & Cohen, 1999）运用1983—1992年美国制造行业的环保研发的相关数据进行实证研究，结论表明环境规制监测活动与企业技术创新之间没有正相关关系。萨塞罗里和安德里（Cesaroni & Arduini, 2001）对欧洲的化学工业研究得出结论表明，严格的环境规制与技术创新之间没有显著的相关性。雷克罗（Nakano, 2003）通过对日本纸浆和造纸工业企业的数据进行研究，结论表明环境规制并没有显著地推动技术进步。

（3）实证检验的方法及存在的问题。实证分析可以分为指标选择、对象建模和结果解析三个阶段。就分析指标而言，可以分为创新指标和环境规制指标两大类。其中创新指标包括创新投入绩效和生产绩效，创新投入绩效可用环境专利、R&D投入、绿色产品产值等数据来表示，生产绩效可用产出效应、全要素生产率等数据来表示；环境规制指标可用污染物排放达标率、环境投资等来表示。一般采用回归模型来检验环境规制和技术创新之间的关系，由于模型的不同以及数据来源的不同，根据模型及相关数据进行实证检验得到的检验结果的可信程度仍然需要进一步分析、考证。

进行实证分析要求有足够的数据样本并保证样本的可靠性与准确性，但这一点正是目前开展研究最主要的难点，即使能够获得完整的样本数据，实证分析所得的结论也是根据不同的数据检验模型和不同的置信度水平而来，更多体现了数学意义上的指标关系，要将其转化为具有实际参考价值或理论意义的结论仍然需要研究者的努力。

2. 国内的研究

国内学者开展此项研究较晚，相关文献数量较少，研究的对象及结论的表述大致有三类。

第一类，围绕环境规制与企业创新之间的关系。黄德春和刘志彪（2006）将技术系数引入罗伯特·莫尔（Robert D. Mohr）模型，他们以海尔集团的技术创新作为案例，认为环境规制虽然增加企业的环境成本，但同时也促进了技术创新，并达到环境保护和经济绩效的双赢。解垩（2008）考察了环境规制对技术创新、工业技术效率和生产率增长的影响，研究发现污染物排放的减少降低了技术创新活动水平，但污染排放的减少提高了工业技术效率，增加治污投资程度仅微弱地降低了生产效率。江珂（2009）利用中国1995—2007年29个省（直辖市、自治区）的面板数据实证分析了环境规制对中国区域技术创新能力的影响，结果表明，环境规制在中长期对技术创新有一定的推动作用，对技术创新能力的影响存在区域差异，对东部有显著的正影响，对中部、西部、东北各区域技术创新的影响不明显。张成、陆旸、郭路等（2011）利用中国30个省份工业部门1998—2007年的面板数据，分析了环境政策与工业部门技术水平提高程度之间的关系，结论表明：东中部地区，环境规制强度与企业生产技术进步之间存在“U”型关系，在“U”型拐点之前，环境规制强度的增加不利于提高企业生产技术进步，“U”型拐点之后，环境规制强度的增加有利于提高生产技术进步率；而西部地区规制强度与生产技术进步之间却没有形成“U”型关系。马海良

（2012）等研究认为在长三角经济区，环境规制的即期和滞后期均对技术创新有显著的推动作用，且即期的促进作用优于滞后期。李平（2013）运用我国 2002—2009 年的面板数据对环境规制的技术创新效应进行了检验，结果表明环境规制的技术创新效应呈现明显的地区和行业差异。王锋正（2014）研究认为环境规制对我国西部地区技术创新能力具有正向影响作用。

第二类，围绕环境规制促进企业技术创新的条件。熊鹏（2005）研究了“波特假说”成立的条件，认为适当标准的制定与严格的执行是影响“波特假说”实现的重要因素。沈能（2012）研究认为，环境规制政策推动技术创新的前提条件是一国或地区必须达到一定的经济发展水平，经济发展水平越高，如我国东部地区，环境规制对技术创新的促进作用相对更加明显，而在经济发展水平落后的中西部地区，环境规制却更多地表现为抑制技术创新。这一发现较好地解释了不同文献实证结果差异的根源。张倩（2013）通过理论模型分析排污税、排污许可证、统一的排放标准三种环境规制政策与企业采纳绿色技术程度之间的关系发现，合理的环境规制政策配合适度的严厉性可以激励绿色技术创新，有利于实现经济发展和环境保护的双赢。

第三类，围绕企业在环境规制约束下的技术创新选择。许士春（2007）提出了企业对环境规制政策的反应函数，从基础上研究了环境规制与企业行为间的关系，结论表明并不是所有的企业都会在环境规制政策下实现技术创新，只有“机会追求型”的企业才会主动寻求技术创新机会，提高竞争力。陆静丽（2011）分析了日本汽车的竞争力，结论表明提高日本汽车企业竞争力的重要因素是企业的制度创新和技术创新能力足以应对环境规制变化，并通过分析具体的案例验证了波特假说。

具体的、针对中国问题的研究，要更多地考虑中国的国情。例如：

与发达国家相比，中国的市场经济体系并不完善，企业行为与市场结构等有较大差异，因此，在参考国际研究成果和借鉴国际经验时需要注意中国的特殊性。

1.2.3 不同环境规制政策工具对技术创新的影响研究

从不同的理论出发，政府可以有多种环境规制政策工具选择；针对不同的环境规制政策条件，企业也会相应采取不同的创新行为。这也意味着，技术创新的方向、创新的规模等创新活动受不同环境规制政策的影响不同，脱离了具体条件的环境规制政策并不能取得令人满意的效果。社会所处的经济阶段、技术发展层面、政策工具的设计方式与实施方法、实施过程等社会背景与操作层面的各种因素都会影响到环境规制政策的施行效果，针对这一状况，学者们针对不同环境规制政策工具对技术创新的影响，分别从理论和实证的角度展开了研究。

1. 理论研究

学者们就特定环境规制政策对技术创新的影响展开了研究。一部分学者对“命令—控制”型环境规制与基于市场的环境规制做了比较分析：唐宁和怀特（Downing & White，1986）最早指出，对企业在技术创新方面的激励作用而言，基于市场的环境规制措施的效果要远远优于单纯采用“命令—控制”型的环境规制措施。托马斯·思德纳（Thomas Si Dena，2005）认为，在“命令—控制”型的强制性环境管制下，企业只能选择服从，即便开发出能够达到污染控制目标成本的有效方法，也得不到政策的支持，无法获得任何形式的激励去主动积极开发更清洁的技术。雷耶和鲍勃范德（Reyer & Bob van der，2006）比较了排放标准与庇古税的成本，发现排放标准是成本最低的，但由于研发外部性的存在，很难说庇古税可推动技术创新，除非将庇古税提高至纠正环境外部性水平之上，但单一的规制工具不可能同时对研发外部性和环境外部性有效。纳哈维（Naghavi, 2007）从国际贸易的角度研究了绿色关税的激励效果，他的研究表明，通过对造成污染排放的产品征收关税，在降低单位排污量的同时，可以激发企业增加环境技术R&D投入，推动技术创新。另一部分学者对市场型环境规制政策对推动技术创新的影响做了分析：辛普森和布莱德福德（Simpson & Bradford, 1996）建立了一个贸易政策战略模型，研究排污费对研发费用支出及企业国际竞争力的影响。他假定政府采用的环境规制政策工具为排污费，社会总福利等于国内企业的利润与政府排污费收入之和，提高排污费将引起国内企业的R&D支出上升，而国外企业的R&D支出反而相对下降，国内社会总福利可以得到提高，但随着生产成本的提高，相对国外企业而言，国内企业的国际竞争力下降。阿塞莫格鲁、阿洪和伯尔顿等（Acemoglu, Aghion & Bursztyn et al., 2009）研究了单一的排污税推动研发的局限性，认为虽然排污税能够抑制非清洁产业的生产，但要达到减污与推动研发的双赢目标仅靠排污税是不够的，最优环境规制政策的制定应当同时配合环保技术研发与应用的鼓励政策，如研发补贴、利润税等。

2. 实证研究

在实证方面，诺德伯·格伯姆（Nordberg-Bohm, 1999）对“命令—控制”型与“基于市场”型的环境规制做了比较研究，结论表明，基于市场型环境规制有利于持续地激励企业开展技术创新，而“命令—控制”型的环境规制往往仅仅只对极少数污染物控制有效，因此主张政府选择环境规制政策工具时，市场手段优先。学者们也对“基于市场”的各类环境规制政策工具对技术创新的影响做了分析和比较。曼斯菲尔德（Mansfield, 1986）研究了美国的税收政策对技术创新的影响效应，结论表明税收政策对技术创新的推动效果不明显。荣格等（Jung et al., 1996）研究发现，当环境规制政策长期稳定不变，排污税比免费污染排放许可证对技术创新的推动更大，但拍卖的污染排放许可证却比排污税对技术创新的推动更大。鲁格曼和阿兰韦贝克（Alan M Rugman & Alain Verbeke（1998）研究指出，就环境税而言，只有3%的企业认为，环境税在短期内对保持或者提高国际竞争力有正面效应，而绝大部分企业认为开征环境税对国际竞争力不利；就环境税的长期效应而言，认为有正面效应的企业上升到了14%，认为有负面效应的企业下降到47%，因此环境税的长期效应要明显优于短期效应。维勒加斯·帕拉西奥和科里亚（Villegas-Palacio & Coria，2010）比较了“基于市场”的环境规制工具中的可交易许可证与排污税对技术创新的推动作用，也得到了类似的结论。

国内针对该问题的研究较少。刘益、杨铁定（1998）发现，在国家各项宏观政策中只有税收政策对推动企业技术创新活动水平有显著性影响。赵细康（2004）对这一现象的解释是，我国是一个资本缺乏的发展中国家，税收减免等优惠政策可以在很大程度上缓解企业技术创新的资金压力。常雪飞（2009）采用迪克西特—斯蒂格利茨（Dixit-stiglize）垄断竞争模型分析了垄断竞争市场中，排污税对环境污染控制技术扩散的影响；他的研究结论表明，单纯地提高排污税不利于环境技术的扩散，在某些情况下，甚至会起到阻碍作用；排污税的作用效果实际同时取决于产品的市场价格弹性、污染控制技术对排污效率提升的幅度以及厂商的成本构成状况等多个因素的综合作用。李云雁（2011）通过经济学的理论分析，重点比较了环境质量标准与污染排放标准、排污许可与排污权交易等环境规制要素对企业技术创新的影响效果差别，在此基础上分析了“命令—控制”型环境规制政策与基于市场型政策的实施条件及其对推动技术创新效应的效果。许士春等（2012）针对三种不同的环境规制措施（排污税、拍卖的排污许可、可交易的排污许可）对推动企业开展绿色技术创新的影响开展了比较分析，他认为排污税率、排污许可价格这两个因素与技术创新活动的激励程度呈正相关；若政府不控制可交易排污许可的数量，则排污税和拍卖的排污许可的政策激励效果相同，而可交易的排污许可对激励技术创新的表现较差；若政府对可交易的排污许可数量加以有效控制的话，则三种环境规制措施对激励绿色技术创新的政策效果相同。

综上所述，尽管已经存在着若干相关的研究，但是关于不同环境规制政策工具对企业环境技术创新影响效果的研究依然还缺乏统一的分析框架，难以对不同环境规制政策工具的制定进行实践指导，其主要局限性在于：

第一，对环境规制政策创新效应比较的理论研究不足，无法从本质上揭示不同环境规制政策工具形成不同创新效应的根源。

第二，对环境规制政策创新效应的微观比较研究不足，即具体的企业在面对不同的环境规制政策时对技术创新的类型是有选择性的，因此，未来的研究将侧重于如何将微观效应与环境规制政策的制定相结合，并最大限度地发挥环境规制的创新效应。

第三，对不同环境规制政策在各地区的实施条件的分析不足，为了在实践中对各地区选择和配置环境规制政策工具进行有针对性的指导，应重视环境规制政策所处的具体技术基础及经济条件。

第四，实证研究不足，这主要是由于关于不同环境规制政策工具的测度存在较大的难度，数据的准确性、完整性和连续性难以保证，导致实证研究的难度较大。本书将对环境规制的测度进行归纳总结，试图对该问题有所突破。

总之，纯粹的数学模型是在严格假设限定条件下得出的结论，这些假设与现实情况差别较大，环境经济学在严格的假设条件下判断环境规制政策是否合适，没有考虑现实状况的复杂性对技术创新的影响，得出的结论存在着较大的偏差。因此，在特定的政策框架内，关注的重点不是环境规制工具本身，而是如何选取和使用规制工具。目前，学界在不同的环境规制政策工具对技术创新的影响方面存在着较大的争议。

1.3 研究的基本思路、主要创新点、研究方法、研究的内容及结构

1.3.1 基本思路

本书在国内外相关研究文献调查的基础上，回顾有关环境规制理论、技术创新理论及环境规制对技术创新的机制等各种相关理论，重点归纳总结环境规制的测度方法，分别从地区和行业的角度，以实证研究，分析不同类型的环境规制工具对推动技术创新活动的效应和差异，为我国政府选择和制定环境规制政策工具提供理论依据。同时总结了美国、日本和欧盟在利用环境规制促进技术创新方面所做的尝试和努力，为我国政府选择环境规制政策工具提供现实经验依据。最后根据前文的研究结论，从环境规制的地区政策、行业政策、环境规制工具类型的选择及与环境规制相协调的配套政策等四个方面提出相应的对策建议，以期促进我国环境规制对技术创新的推动作用，实现我国经济的可持续发展。

1.3.2 主要的创新点

(1) 深入分析环境规制变量的度量方案。环境规制变量的度量是该领域研究的难题，目前还无法用一个或者有限个参数化的变量来度量环境规制的强度与内容，环境规制变量难以明确，并且可以获取的相关数据样本质量较差，对经验研究造成了一定的困难。目前一些国际机构和学者们对环境规制的量化方法进行了一些探索性的工作，但无论采用哪种方式度量环境规制都存在着一定的局限性和片面性，并且同一国家（地区）用不同的指标度量将得到不同的结论。因此，笔者在总结归纳相关理论与研究工作的基础上，对于环境规制如何量化这一问题开展了深入的分析、比较，得出了适合于本研究的环境规制度量方式。

（2）目前的文献对环境规制影响技术创新的检验多以发达国家为研究对象，发展中国家的文献较少，且多从全国的角度笼统分析，或者选取典型案例进行说明。对于波特假说成立的条件，虽然人们研究得出要在一定的前提下才成立（如以市场机制为基础且恰当设计的环境政策，环境规制政策的严格执行，以及企业对待环境规制的积极策略），但对波特假说成立的条件并没有从实证的角度进行分析，也忽视了人力资本与环境规制的交互作用对技术创新的影响。为了填补研究的空白，本书试图在以下方面有所扩展：

第一，将中国分为东、中、西三大区域的基础上实证分析环境规制与不同种类技术创新的关系，根据区域差异制定相应的政策。

第二，对实证方法进行改进，引入交互效应模型，考察环境规制与人力资本水平的交互作用对技术创新的影响，通过对有交互项和没有交互项的两个模型的拟合结果进行比较，更有针对性地分析环境规制、人力资本水平变量对我国技术进步的影响，重点找出波特假说成立的人力资本条件，即研究是否存在“人力资本门槛”，为探索针对不同区域促进环境规制对技术创新能力提升提供有益的思路。

（3）目前的文献对环境规制影响技术创新从行业的角度来分析的较少，事实上，不同污染类型的行业对环境规制的敏感程度是有差异的，因此环境规制对不同污染类型的行业的技术创新的效应也是有差异的，笔者拟对行业的污染类型进行分类，从实证的角度研究不同行业的环境规制对技术创新的影响。

（4）“命令—控制”型环境规制工具与市场导向型环境规制工具对推动绿色技术创新效果的对比分析。主要研究什么类型的政策工具有利于提供强烈的刺激让企业去采用更为经济和成熟的污染控制技术，企业才能从采用低成本的污染控制方法中得益。目前我国同时使用了多种环境政策激励工具，如环境影响评价制度、强制性标准、排污权交易制度等；而各种政策工具推进技术创新的作用机制，各种政策工具的具体细节安排和初始激励内容、执行周期、发展趋势等内容都需要结合国家宏观发展目标统筹综合考虑。这就需要系统、深入地理解不同的环境规制政策工具推动技术创新的作用机制以及这些政策的各个构成要素。在此基础上，在选择和配置环境规制政策时既要考虑政策的创新效应，也要考虑政策的实施条件，要比照经济主体的实际经济及技术条件，具体问题具体分析，制定适宜的环境规制政策及其组合。

（5）对国外先进经验进行借鉴。主要介绍了日本、美国及欧洲的环境规制体制实践方面的历史经验，结合我国实际条件，分析探讨我国在环境规制设置与实际操作中可以借鉴的地方。

1.3.3 研究方法

（1）理论分析。通过规范判断、逻辑演绎和数学建模的方法完善传统的理论，并根据我国经济发展与环境污染状况，对理论模型进行修改并创新，研究环境规制及其他相关要素对技术创新的影响。

（2）实证分析。本书采用中国的数据，运用改进后的理论模型，从地区和行业的角度研究环境规制对技术创新的影响，主要运用面板数据检验（Panel data）方法。

（3）比较研究。本书将我国分为中、东、西三个区域，将行业按照污染类型进行分类，将环境规制政策工具分为“命令—控制”型和“基于市场”型，对比分析环境规制对技术创新的影响。

1.3.4 研究的内容及结构

本书共分为七章。

第1章为绪论。首先，通过分析研究的现实背景推出本书的选题，确立本书研究的理论意义和现实意义。其次，通过从环境规制影响技术创新的相关理论、实证及不同政策工具的效果差异等三个方面，对国内外相关文献进行梳理，奠定研究基础。最后，说明本书的研究思路、研究方法及主要的创新点，提出本书的研究内容及结构。

第 2 章总结环境规制与技术创新的理论基础。对环境规制理论的总结首先介绍环境规制的理论基础，其次界定了环境规制的概念，最后对我国实施的环境规制政策进行分析；对技术创新理论的总结界定了技术创新的概念，分析了动力机制及测度方法，指出我国技术创新的不足之处；对环境规制对技术创新的理论影响机制的分析从“成本—收益”机制、技术传导机制、“进入—退出”三个方面展开。

第 3 章总结了环境规制变量测度的方法。由于环境规制政策工具不断演化升级，测度方法多种多样，给相关的实证研究带来了困难，如何准确而全面地理解和测度环境规制变量是研究的关键，该章系统地将环境规制变量的测度方法进行了归纳总结，分析并比较了现有测度方法的优点及缺点，并对环境规制变量测度方法的发展方向进行了展望。

第 4 章为实证研究。在理论研究的基础上，分别从地区和行业的角度，研究环境规制对技术创新的影响，该研究结论为地区政府制定有利于技术创新的环境规制政策提供了实证依据，也为行业环境规制改进的方向提供了实证依据。

第 5 章比较分析不同类型环境规制政策工具对技术创新的影响效果的差异，为政府选择环境规制政策工具提供理论依据。

第 6 章为环境规制促进技术创新的国际经验借鉴。该章总结了美国、日本和欧盟在利用环境规制促进技术创新方面所做的尝试和努力，旨在为我国政府选择环境规制政策工具提供现实经验依据。

第 7 章为结论与对策建议。在前面各章理论与实证研究的基础上，针对性地提出适合我国国情的对策建议，以期实现我国经济发展与环境保护的双赢，并指出本书研究的不足及对未来研究方向的展望。

简短小结

本章是统领全书的绪论。首先描述了选题的背景和研究意义，接着对有关环境规制影响技术创新的国内外研究文献进行了综述，分别从环境规制政策对技术创新影响的理论研究、实证研究、不同环境规制政策工具对技术创新的影响差异等三个方面进行叙述。通过对已有研究文献的梳理，发现了现有研究的不足之处，寻求可以继续深入研究的方向，并阐述了本书的研究思路、主要的创新点、研究方法和研究的内容及结构。

第 2 章　环境规制与技术创新理论基础

2.1　环境规制的理论[1]

2.1.1　环境规制的理论基础

史普博（Spulber，1989）指出，外部性是指在两个经济主体之间缺乏任何相关的经济交易的情况下，由一个经济主体向另一个经济主体所提供的物品束（Commodity Bundle）。黄有光（1999）认为，如果企业的成本函数、生产函数和效用函数既依赖于受其支配的因素，又依赖于不受其支配的因素，且不受其支配的因素对企业的影响并不是通过市场交易而产生的，那么外部性就产生了。用数学公式可表达为：$Y_i = A(x_i, Z)$。自变量 x_i 表示某一经济主体自身能够控制的相关因素，Z 表示该经济主体不能控制的外部因素，表达式 Y_i 表示该经济主体的产出或效用依赖于 x_i 及 Z，而 Z 也没有向该经济主体索取补偿或提供报酬。最具代表性的外部性问题是环境污染问题，解决环境污染问题是外部性理论最典型的应用。

1. 以福利经济学为基础的外部性理论与排污收费制度

庇古在《福利经济学》中首次从福利经济学的角度对外部性问题

---

[1] 本书的第 2 章第 1 节归纳了环境规制的相关理论，与博士后的博士论文《中国环境规制对外商直接投资的影响研究》中的环境规制的相关理论重合。

进行了研究。他认为外部性的产生是由于边际私人成本与边际社会成本、边际私人收益与边际社会收益存在着差异。在外部性存在时，边际社会成本与市场的价格不一致，仅仅依靠市场机制自身并不能达到帕雷托资源配置的最优状态，这就需要政府的干预政策，政府可采取的做法有：对于边际私人收益小于边际社会收益的产生正的外部性的部门，政府对私人进行奖励和补贴；对于边际私人成本小于边际社会成本的负的外部性部门，政府对私人进行征税。这种通过补贴和征税的方法来实现外部性的内部化的政策建议被称为“庇古税”。在经济活动中涉及的负外部性问题，“庇古税”理论得到了广泛的应用，如在环境保护领域，目前世界各国广泛选取的经济手段为排污收费制度，这是“庇古税”理论最典型的应用，排污收费是由政府环境保护部门确定一个污染税税率，对企业的污染物排放按照该标准收费，理性的企业为了实现帕雷托资源配置最优，会将污染排放控制在使边际控制成本等于污染生产率的污染排放量。

2. 以产权为基础的外部性理论与排污权交易制度

科斯认为交易成本过高将会导致“庇古税”制度成为低效的制度，只有利用市场机制才能达到高效。科斯在《社会成本问题》一文中对庇古的外部性问题的相关观点的批判主要体现在以下三点：第一，损害是相互的。负的外部性表现为 A 会给 B 造成损害，如果制止了 A，B 就可以避免损失，但避免了 B 的损害的同时 A 将受损。因此，问题的关键是如何避免较严重的损害；第二，在交易费用为零的情况下，通过 A 与 B 的协商就可以实现资源配置的最优化，“庇古税”就没有存在的必要。第三，如果交易费不为零，要通过各种政策手段进行成本与收益的权衡比较才能确定解决外部效应的内部化问题的方法。科斯的这一观点引起了人们的关注，人们在“庇古税”的基础上寻求创新，20 世纪 60 年代约翰·戴尔斯（John Dales）在科斯定理的基础上，在《污染、产权、价格》一书中提出了污染权这一概念，并对排污权交易理论解决环境污染问题的思路进行了解释。他认为政府拥有环境这种商品的所有权，将该商品分割成标准的单位，公开在交易市场上标价出售，商品的购买者拥有了一定数量的环境“污染权”。在实践中，可交易的许可证是排污权交易理论的典型应用，政府环保部门将某地区环境所能承受的最大污染物排放量划分成以排污许可证的形式存在的“污染权”，政府可以建立排污许可证交易市场对这些排污许可证进行分配，如采取销售、出租和拍卖的方式，并且企业、政府等可以通过合法交易在市场上买卖以污染许可证为形式的“污染权”。

3. 以交易费用为基础的外部性理论与自愿参与制度

根据产权是由产权界定的成本及收益比较而决定，张五常等（2001）新制度经济学者继续从产权、交易费用的角度对外部性问题进行了研究，其主要的观点是：外部性问题取决于界定产权的收益与成本之间的关系，如果界定产权的收益大于界定的成本，产权就是清晰的，外部性问题不存在；如果界定产权的收益小于界定的成本，外部性问题就存在。张五常强调外部性问题实际上是合约不完全问题，虽然从表面上看是产权不清晰问题，但实际上是由于较高的交易费用阻碍了产权的清晰界定，从而产生了外部性问题。

根据外部性理论中关于交易费用的解释，界定环境产权的成本较高，而且在市场机制下执行环境产权的交易成本也很高，环境的负外部性问题才存在，因此如果能够建立一种合理的制度，能有效地降低制定和执行环境产权的交易成本，就能解决环境负外部性问题。制度分为正式制度和非正式制度，正式制度的交易费用通常过高，如庇古税制度、排污权交易制度等都是属于解决环境外部性问题的正式制度。非正式制度的交易费用通常较低，如自愿性的环境协议、鼓励公众参与的各种非正式制度等。企业在正式制度下是被动地治理污染，在非正式制度下是主动地治理污染，这种转变有效地降低了规制成本。自愿性环境协议指政府行政主管部门与企业、企业与相关组织间签订自愿协议，通过自愿和自我约束的方式实现企业环境管理行为的改进，最终达到改善环境质量的目的。同时，公众的环境意识的提高，会使公众主动地去保护环境，积极参与环保活动，在消费领域减少污染，对环境污染强度大的产品进行有效地抵制，并对企业生产进行有效监督，约束企业的污染行为；此外环保意识较强的公众还可以对政府的环保职能进行监督，促使政府制定的政策更加适合公众的需要。总之非正式制度与正式制度相比，规制的交易成本更低，有助于解决环境外部性问题。

2.1.2 环境规制的概念

对于规制这一概念，国外经济学文献用 regulate 或 regulation 来表达，指政府对一系列市场失灵的干预。日本学者植草益 1992 年在《微观规制经济学》一书中直接给出规制概念的界定，即“通常意义上的规制，是指对构成特定社会的个人和构成特定经济的经济主体的活动，依据一定的规则进行限制的行为”。笔者沿用植草益对规制的解释，采用“规制”这一译法进行表达。

学者们对于环境规制（Environmental Regulation）概念的认识经历了一个逐步完善的过程。最初，他们认为环境规制就是政府以行政手段对环境资源利用进行直接的控制，其内容包括禁令、关停污染企业、非市场性转让的污染许可证制度等。其特征为环境管制政策由政府行政当局统一制定及执行，是非市场途径的行为，在严格的行政管制政策下，企业没有活动的自主权，市场不起任何作用。此后，学者们发现，环境税、补贴、押金返还制度和市场化的排污许可证交易等经济手段也具有环境规制的功能，但前人的定义中却没有将这些手段归纳为环境规制的范畴。因此，环境规制的含义被重新修正，即环境规制是政府利用直接和间接的手段对环境资源进行干预，包括行政手段和利用市场机制政策的经济手段。20 世纪 90 年代以来，环境规制的含义得到进一步的发展和完善，生态标签、环境认证、环境听证和自愿协议等规制工具的实施充实了环境规制政策工具，学者们对环境规制的含义再次进行了修正，即环境规制包括“命令—控制”型手段、以市场为基础的经济激励型手段和自愿规制型手段。赵玉民等（2009）在前人研究的基础上从环境规制的提出主体、对象、目标、手段和性质五个维度给出一个新的定义。他们认为环境规制是一种约束性力量，其目的是环境保护对象为个体或组织、存在形式为有形制度和无形意识。该定义创造性地将环保意识纳入到环境规制的范畴，以适应现实的需求。关于环境规制含义的变化及比较，见表 2 – 1 所示。

表 2 – 1　环境规制含义的变化及比较

规制含义	规制主体	规制对象	规制工具	规制性质
最初含义	国家	个人和组织	命令控制性环境管制	约束性
第一次修正后含义	国家、企业	个人和组织	命令控制型环境规制、利用市场的经济激励型环境规制	约束性
第二次修正后含义	国家、企业、产业协会等	个人和组织	命令控制型环境规制、利用市场的经济激励型环境规制、自愿规制型环境规制	约束性
赵玉民等（2009）的含义	国家、企业、产业协会等	个人和组织	命令控制型环境规制、利用市场的经济激励型环境规制、自愿规制型环境规制、隐性环境规制	约束性

资料来源：赵玉民，朱方明，贺立龙. 环境管制的界定、分类与演进研究[J]. 中国人口·资源与环境，2009（6）：85 – 90.

2.1.3 我国的环境规制政策

1. 环境规制的分类方法

环境规制政策工具，从约束企业排污行为来划分，不同的学者和部门根据规制工具的特点有不同的分类，但目前国际上主流的分类方式是OECD（Organization for Economic Co-operation and Development，即经济合作与发展组织，简称经合组织）的分类和世界银行的分类。

在OECD国家，环境规制政策工具一般可分为直接控制污染排放政策工具和间接控制污染排放政策工具。前者如“命令—控制”型政策工具，后者如“经济激励”和“信息披露”型政策工具，两种类型的三种政策工具的具体管控方法的种类如表2-2所示。命令与控制政策工具强调规章制度的强制性，主要利用环境法规政策；经济激励政策强调市场的作用、灵活性与高效率；信息披露政策强调企业与公众的自愿参与，主要利用信息的作用。

表2-2 OECD国家环境规制政策工具的分类

分类	命令-控制	经济激励	信息披露
环境规制政策工具	产品标准	污染排放税	信息提供
	入市批准	产品税费	契约（自愿或非自愿协议）
	产品禁令	排放额交易	技术合约
	生产工艺的管制	环境补贴	建立网络
	环境标准	废旧回收系统	
	指定技术	生产者的责任能力	

资料来源：李云雁. 企业应对环境管制的战略与技术创新行为［D］. 杭州：浙江工商大学，2010.

世界银行的分类与OECD的分类是类似的，世界银行（1997）根据政策工具的作用途径，把环境规制政策工具归纳为四类：利用环境法规、利用市场、创建市场和公众参与，如表2－3所示。“利用环境法规”主要内容包括制定环境标准、禁令及颁发许可证等来约束污染排放；“创建市场”主要内容包括明晰资源环境产权、建立可交易的许可证制度等，用市场的力量来管控环境，这种政策工具设计源于“科斯定理”；“利用市场”主要内容包括减排补贴、环境税费政策及押金—返还制度等，这种政策工具源于“庇古税”理论；“公众参与”源于自愿环境规制的思路，即通过公众参与、信息披露等形式，引导企业和公众自觉参与环境保护。

表2－3 世界银行环境规制政策工具的分类

分类	利用环境法规	创建市场	利用市场	公众参与
环境规制政策工具	标准	产权与地方分权	补贴	公众参与
	禁令	可交易许可证	环境税费	信息披露
	许可证与限额	国际补偿机制	使用者收费	
			押金—返还制度	
			目标补助金	

资料来源：李云雁．企业应对环境管制的战略与技术创新行为［D］．杭州：浙江工商大学，2010.

2. 我国实施的环境规制政策工具❶

国际组织和学者们根据对环境规制政策工具的分类标准，将环境规

❶ 江珂．中国环境规制对外商直接投资的影响研究［D］．武汉：华中科技大学，2010.

制政策工具的起源及发展划分为三个阶段，这一划分得到国际上的认可：第一阶段，20 世纪 70 年代至 80 年代，这一阶段实施的主要是“命令—控制”型（Command and Control，简称 C&C）环境规制政策，以美国成立的环境保护局为主要标志。第二阶段，20 世纪 80 年代至 90 年代，开始并积极推广基于市场的环境规制政策（Market Based Policies），以排污收费和可交易许可证制度的确立为主要标志。第三阶段，20 世纪 90 年代至今，开始实施自愿环境规制政策，这一阶段以 1992 年英国标准院制定全球第一个环境管理体系为主要标志。目前，基于市场、自愿环境规制在理论研究和实践中也逐渐受到重视和推广，但在实践中仍然以“命令—控制”型环境规制政策为主。

中国环境规制的基本制度及环境政策先后经历了三个阶段。第一阶段，以“命令与控制政策”进行环境保护监管；第二阶段，是“经济激励政策”的推广应用阶段；第三阶段，以“信息手段和公众参与”为特色的政策创新阶段。环境规制的基本制度及环境政策的演进丰富了环境规制政策工具，同时也提高了我国运用环境规制的效率。虽然目前“命令与控制政策”依然是世界各国及地区主要的环境执法和环境管理的依据，但是“经济激励政策”的应用正在得到广泛的认可，而以“信息手段和公众参与”为特点的政策创新自 20 世纪 90 年代以来也逐渐受到环境规制决策层的重视。目前，我国实施的“命令—控制”型环境规制政策主要有环境影响评价、“三同时”、限期治理、排污许可证制度及关停并转重污染企业；而市场激励型的环境规制政策工具不多，排污费、补贴政策和排污权交易等工具较为常见；信息手段与公众参与的政策工具主要包含环境信息公开、自愿环境管理、环境标志产品认证与环境认证、环境听证制度、ISO14001 体系的认证。表 2－4 列出了我国环境规制政策工具的主要类型及实施的时间。

表 2-4 我国环境规制类型及其实施的时间

命令与控制政策					
名称	环境影响评价制度	“三同时”制度	排污许可证制度	限期治理制度	严重污染企业的关停并转
起始时间	1979	1973	2004	1989	1996

经济激励政策									
名称	排污收费制度	生态环境补偿费	补贴政策	押金返还制度	排污权交易制度	对污染企业的贷款限制	水资源和矿产资源税	综合利用税收优惠	污水处理设施使用费
起始时间	1979	1983	1982		1985	1996	1986	1984	

信息手段和公众参与					
名称	环境信息公开化	自愿性环境协议	环境标志产品认证	ISO14000 认证	环境听证制度
起始时间	20 世纪 90 年代末	2003	1995	1995	2004

资料来源：金碚. 资源与增长［M］. 北京：经济管理出版社，2009：279-306.

（1）以命令与控制政策进行规制阶段。命令与控制政策，又称行政规制政策或法律规制政策。主要是指法律、法规或行政主管部门的规章、制度所确定环境规制的目标、标准，并以行政命令的方式监管、督促企业执行，对违规企业依法、依规进行处罚。命令与控制政策主要包括：环境影响评价制度、“三同时”制度、限期治理制度、排污许可证制度等。

环境影响评价制度：我国最早关于环境影响评价制度的法律规定见诸于 1979 年颁布的《中华人民共和国环境保护法（试行）》。该法首次确立了环境影响评价是我国环境保护规制中的一项重要制度。环境影响评价是对大型工程项目、开发活动，在规划之前需预先进行调研、预测和评估，对可能影响周围地区环境的问题，提出防治环境污染和破坏的对策，以及制订相应的方案。

1998 年 11 月 18 日国务院第 10 次常务会议通过修改后的《建设项目环境保护管理条例》再次明确提出环境影响评价制度。根据该制度实行多年来的情况，对环境影响评价的范围、内容、管理程序，环境保护设施建设及法律责任等做了相应的修改、补充和更明确的规定。至此，比较完善的环境影响评价制度在我国基本确立。

2002 年 10 月 28 日，第九届全国人民代表大会常务委员会第三十次会议通过，2003 年 9 月 1 日开始实施的《中华人民共和国环境影响评价法》首次将环境影响评价范围从建设项目扩展到有关的规划。环境影响评价范围的扩展是我国近年来借鉴国外的成熟经验，开展对区域发展规划进行环境影响评价的试点工作而积累了一些经验所取得的成果，是对我国环境影响评价制度的重大完善。但我国对政策进行环境影响评价迄今尚处在讨论中，国外也才开展研究不久。

2005 年 12 月 3 日国务院颁发的《关于落实科学发展观加强环境保护的决定》（国发［2005］39 号）文件，进一步规定，“经济社会发展必须与环境保护相协调”，“必须依照国家规定对各类开发建设规划进行环境影响评价。对环境有重大影响的决策，应当进行环境影响论证”。

环境影响评价制度在我国的实施，无疑可以防止一些建设项目对环境产生严重的不良影响，把某些建设项目的环境影响降低到最低程度；也可以通过对可行性建设规划进行比较和筛选，“先评价、后建设”，可有效地预防许多因开发建设活动可能产生的环境污染和生态破坏。因此，环境影响评价制度被视为贯彻预见性环境政策的重要支柱和卓有成效的法律制度，已取得了良好的环境效果，在国际上也越来越广泛地受到重视。

“三同时”制度：1973 年第一次全国环境保护会议上通过的《关于

保护和改善环境的若干规定（试行草案）》最早规定了“三同时”制度。“三同时”制度是中国特有的环境规制政策，是指对环境有影响的一切基本建设项目（包括区域开发建设项目及外商投资建设项目等）、一切技术改造项目，其中防治污染和生态破坏的设施，必须与主体工程同时设计、同时施工、同时投产使用的制度。“三同时”制度是我国较早的一项环境规制制度，它创始于20世纪70年代初的防治污染工作的实践。

1986年3月26日由国务院环境保护委员会、国家计委、国家经委联合发布的《建设项目环境保护管理办法》（1981年制定，1986年修订），对环境影响评价的基本内容和程序做了一些具体的规定。进一步明确，凡从事对环境有影响的建设项目“都必须执行‘三同时’制度”。

排污许可证制度：环境保护部门为了减轻污染物排放，根据排污单位的申请，依法按各个排污单位的排污行为分别提出具体要求，以书面形式确定下来，作为排污单位守法和环境保护部门执法以及社会监督的凭据——排污许可证。

从20世纪80年代中期开始，我国在水排污防治领域进行排污许可证制度的试点工作。1988年3月，原国家环保局发布了《水污染物排放许可证管理暂行办法》，并决定在上海、北京等18个市（县）开始探索排污许可证这一基本的环境管理制度。1989年7月第三次全国环保会议发布了《水污染防治法实施细则》，该细则第九条规定，“对企业事业单位向水体排放污染物的，实行排污许可证管理”。

2000年3月，国务院修订发布的《水污染防治法实施细则》第十条规定，县级以上地方环境保护部门根据总量控制实施方案，审核污染物排放量，对不超过排放总量控制指标的，发放排污许可证。2000年4月29日，第九届全国人大常委会第十五次会议修订通过的《大气污染防治法》第十五条规定，对有大气污染物总量控制区内的有关单位，政府按规定的条件和程序，核定排污单位的主要大气污染物排放总量，核发主要大气污染物排放许可证。从此，我国开始建立主要以排污总量控制为目的的排污许可证制度。

2008 年 2 月 28 日修订通过的《中华人民共和国水污染防治法》，明确将排污许可证作为控制污染物排放监管的重要行政手段。目前，国家环境保护总局正加紧编制《排污许可证管理条例》，已步入“征求意见稿”阶段，届时，我国排污许可证制度在环境规制中将发挥更大的作用。

限期治理制度：1989 年 12 月 26 日颁布的《中华人民共和国环境保护法》对限期治理的对象、内容、决定权限等做了原则性的规定。限期治理的对象包括：严重污染环境的污染源——主要是指污染严重、影响大、群众反映强烈的污染源；位于特别保护区域内的超标排污的污染源。

限期治理的内容主要是指限期治理目标、限期治理期限。治理目标是达标排放，包括工业行业污染源的限期治理及区域环境污染的限期治理；治理期限应尽量做到科学、合理，一般为一年，也有两、三年的，随机性治理可规定为几个月。

限期治理决定权限实行按级决定。中央和省级人民政府直接管辖的企业事业单位的限期治理，由省级环保部门决定；市、县或者市、县以下人民政府管辖的企业事业单位，由所在地市、县环保部门决定。

（2）经济激励政策推广应用阶段。经济激励政策也被称为基于市场的环境规制政策，它是通过反馈市场信息为企业提供经济激励，而不是规定企业污染治理的水平或技术，它是引导企业既追求自身经济效益，也要实现控制污染排放的目标。经济激励主要包括：排污收费制度、生态环境补偿费、补贴政策、押金返还制度、排污权交易制度、对污染企业的贷款限制、水资源和矿产资源税、综合利用税收优惠和污水处理设施使用费等。现仅对前五项激励方式等作简单介绍。

环境税费：环境税费是“庇古税”理论在环境规制实践中的典型应用，环境税费可以分为排污税费、生态环境补偿费。排污税费是直接向自然环境排放污染物的单位和个体工商户收取一定数额的税费。通过征收排污税费，促进企业事业单位进行技术改造，治理污染，合理利用资源，改善环境。

生态环境补偿费：生态环境补偿费是指开发利用环境资源者，应当按照国家相关法规承担补偿税费。如云南省，早在 1983 年就在全国率先以昆阳磷矿为试点，对每吨矿石征收 0. 3 元生态补偿费，用于开采区植被及其他生态环境破坏的恢复治理，成果比较显著。我国目前已规定了资源收费、生态补偿费、生态恢复保证金、土地出让金等制度，还颁布了《资源税暂行条例》（1993 年 11 月 26 日通过，1994 年 1 月 1 日起施行）《渔业资源增值保护费征收使用办法》《矿产资源补偿费征收管理规定》《育林基金管理暂行条例》等规范性文件。

补贴政策：世界上很多国家，都有对污染控制活动给予财政补贴的政策。还有些国家制定了相应的法规与财政补贴政策相配套。例如：意大利《水法典》就规定，对于帮助建设下水道系统和安装污水净化设备的地方当局，国家为其提供固定补助金或低息贷款。对有利于保护环境的工业企业给予补贴是促进可持续发展的一种重要经济政策。向工业企业补偿减少污染的费用，只要得到的补贴大于治污的成本，企业就会投资进行污染削减。从结果上看这与排污税政策是一致的，但是，它的最大争议在于担心人们进行“逆选择”，如果这样，就助长了为争取更多补贴而过量建设污染设施的行为，还可能出现补贴在限制企业污染排放上越成功，它刺激的行业排放量就越大。

押金返还制度：押金返还制度是指对有可能污染环境的制品征收一

定数额的押金，当该制品返回到资源回收利用部门时，再将押金返还给交送者。这一政策能促使污染产品的生产者和使用该产品的消费者将废品回收以达到控制污染的目的。押金返还制度的优点是符合“污染者付费”的原则，而且简单易行、效率较高。押金返还制度的不足之处是该制度适用范围有限，很多环境问题还不能靠这种制度来解决，如果押金返还额过低很可能不能形成有效的激励作用。

排污权交易制度：排污权交易制度是运用市场机制抑制污染排放的一种制度。这是近年来在世界各国环境规制中应用较广的一种制度。在排污权交易制度下，政府机构评估出一定区域内不超越环境纳污能力的污染物的最大排放量，并将最大排放量分割成若干规定的排放量——即若干排污权或称可交易排污许可证，并允许这种权利像商品那样买卖来进行污染排放控制。因此，排污权交易是环境资源使用权的转移，被保护的不是环境资源本身，而是它的价值。由市场决定排污权的价格使排污权交易制度提高了资源配置效率。从对企业的积极激励的角度看，出售剩余排污权获得的经济收益可以对企业形成有效激励。

（3）以信息手段和公众参与为特色的政策创新阶段。20 世纪 90 年代以来，出现了以环保信息公开和公众参与为特色的政策创新——即通过公开企业或产品的相关环境信息，利用市场功能、立法执法体系以及公众参与对污染企业或规制机构进行监督，以达到社会性环境规制的目标。这种非传统的规制方式为被规制企业和规制机构提供直接激励，并引导公众参与环境规制政策的制定与监督执行，从而提高规制效果，扩大环境监管的范围。

信息披露的数量、质量和传递方式都会影响到规制效果。信息披露过少无法满足公众参与的需求，信息披露过多则会增加处理信息的成本，使其难以从中筛选出有效信息。信息质量的高低和传递方式可能影响到信息的可信性和预期效果。信息披露机制的目的不在于信息本身，而在于通过提供信息引导公众的参与。在环境规制实践中，以信息手段和公众参与为特点的政策创新主要有四类：环境行为信息公开化、环境标志与环境认证、自愿性环境协议、环境听证制度。

环境行为信息公开化：2007 年 1 月 17 日国务院常务会议通过、2008 年 5 月 1 日起施行的《中华人民共和国政府信息公开条例》，及 2007 年 2 月 8 日国家环境保护总局局务会议通过、2008 年 5 月 1 日起施行的《环境信息公开办法（试行）》对环境行为信息公开做出了明确规定。这给评价环保部门行政作为、公众参与监督企业排污行为提供了环境信息基础。

环境行为信息公开化是建立环境保护公众参与的一项重要措施。环境信息公开分为政府环境信息公开和企业环境信息公开两部分。政府环境信息公开主要包括：环境保护法律法规、各种标准及其他规范性文件，环境保护规划，环境调查的信息，突发环境事件的处置，主要污染物排放情况，环境综合整治情况等及国家规定应当公开的其他环境信息；企业环境信息公开主要包括：企业环境保护的规划、目标及成效，资源消耗总量，环保投资和环境技术创新情况，排放污染物的各项数据，生产过程中产生的废弃物的处置、回收、综合利用的情况等及企业自愿公开的其他环境信息。

自愿性环境协议（VEAs）：也称自愿性协议（Vas）或环境伙伴（EPs），是指企业与政府行政主管部门之间签订的一种协议，是两者之间进行环境规制博弈过程中的创新成果，它旨在改善环境质量或提高自然资源的有效利用为目标。自日本 1964 年第一个实施自愿性环境协议以来，其他发达国家和地区也相继采用了自愿性环境协议（VEAs）。实践证明 VEAs 是个很成功的环境规制政策手段，对我国有很大的借鉴作用。

自愿性环境协议（VEAs）是对传统环境规制方式的变革和超越，

是一种政府和企业合作共同进行环境规制从而使环境保护和经济发展获得双赢的新型规制方式。企业在污染物排放达到国家和地方排放标准的基础上，可以自愿与政府行政主管部门协商，来取得节约资源、削减污染物排放效果的协议。

自愿性环境协议按其内容可以分为：自愿参与型协议，协议中政府制定目标，企业自愿选择参与；协商型协议，政府与企业之间就特定的环境目标达成协议；单边协议，是企业自愿单方面进行环境管理所承诺的协议。

环境标志：或称环境标签，在发达国家被称为“生态标签”，它是一种打在产品或其包装上的图形标志（或标签）。有环境标志的产品表明其质量符合标准，在生产、消费环节中也符合环保要求。企业可以提出申请，由专业机构对企业的管理程序、结构进行认证，其产品符合设定的技术标准，才能获得环境标签。目前主要的国际环境管理体系标准有 ISO14000 认证，这是国际公认的通用标准，该标准体系对环境保护、治理污染制定了较高的要求。在国际上，经过认证，贴有环境标签的产品很受消费者青睐，人们愿意出较高的价格购买这类产品。1999 年我国开始创建 ISO14000 认证示范区活动，并逐步吸引了大批的企业参与。中国环境标志图形——“十环标志”，于 1993 年 8 月 25 日由国家环保局正式向社会公布。2001 年 8 月国家标准 GB/T24024 正式实施，中国环境标志与国际环境管理体系系列标准 ISO14000 认证中的 ISO14024 对接，成为国际认证。

环境听证制度：2003 年 9 月 1 日实施的《中华人民共和国环境影响评价法》原则规定了公众参与制度，2004 年 7 月 1 日国家环保总局颁发的《环境保护行政许可听证暂行办法》确定了 10 类专项规划和两类建设项目必须允许公众参与，2006 年 2 月 14 日国家环保总局颁发的《环境影响评价公众参与暂行办法》对公众参与环境影响评价的范围、方式和组织形式等作了具体、详细的规定，鼓励公众参与环境影响评价活动，规定了环保部门和建设单位应公开环境信息，征求公众对环境保护的意见。这些法律法规为“环境保护听证”制度提供了具体的行政依据。

我国的环境听证制度是从国外借鉴而来的，世界上许多国家都建立了环境影响听证制度，如美国的环境影响评价听证制度较为成熟，在其相关法律法规中对有关环评听证的制度都做了具体的规定，如环境信息公开制度、听证主持人制度、预备听证会、听证会的具体程序、延期听证和再次听证等。

2.1.4　政府对环境规制政策的选择

目前，我国环境规制政策以“命令—控制”型的强制性手段为主，以市场手段和公众参与为辅，这种环境规制政策工具的组合在保证了环境效果的同时，提高了规制制度的制定者和被规制者的管理效率和灵活性，也符合我国目前作为发展中国家的国情，这也是未来构建完善的环境规制体系的基础。

基于市场型环境规制的工具主要有排污收费政策、税收减免和财政补贴等，这些政策实施的过程中有利于污染控制和企业技术创新，但各个环境规制政策工具也有其不足之处。如排污收费政策的难点是排污费率的确定，目前我国排污收费标准普遍低于企业治污成本，企业宁愿缴费也不愿治理，因此，为了达到较好的政策实施效果，要根据污染的环境损失、企业的治污成本等来核算出恰当的费率；税收减免优惠的难点在于落实，虽然优惠政策有利于企业节约成本并激励技术创新，但企业对政策不了解、不理解，因此环保部门要加大对政策的宣传，通过各种方式拓宽企业了解政策的渠道；财政补贴的关键在于资金效率，目前的财政补贴多基于项目，应改为先建后补、先建后投、以奖代补、以奖代投，改善财政补贴的效果，使资金的使用具有明确的针对性。

政府在干预市场失灵时，其管理的目标是效率、公平和稳定，政府在管理环境资源时，对环境规制手段的选择要综合考虑多个社会目标，如高的经济效益、低的管理费用、对技术创新的激励、公平适用、政治上的认可度等，不能只考虑环境改善这一个目标，但在达到环境目标的同时达到以上所有目标是不可能的，甚至在同时达到不同目标时相互之间还会产生矛盾，因此，政府最后要有所取舍，选择的环境规制工具应是综合性和多方面的，是各方面利益协调的结果。

2.2 技术创新的理论

2.2.1 技术创新概念的界定

早在1912年，熊彼特在《经济发展理论》一书中率先从经济学上界定了创新的定义，并首次提出了以创新为核心的经济发展理论，此后学者们对该领域进行了深入的研究。在创新定义提出100多年以来，人们对创新的理解逐渐深入和完善，到了20世纪60年代，发达国家的学者们才将自然资源约束纳入创新函数之内，这是对传统创新的突破，是对污染治理技术的创新和发展，由于研究的侧重点不同，目前国内外学者对于技术创新概念的认识并不统一。

肯普等（Kemp et al.，2002）认为环境创新包括有利于保护环境的新技术、生产流程及产品。中国环境与发展国际合作委员会在2008年提出了“国家环境创新计划”，该创新计划将政府经费投入创新、制度创新、社会创新、体制结构创新、公众参与环保和环境教育创新均纳入环境技术创新的范畴。王璐等（2009）研究认为，环境技术创新所指的新知识、新产品和新的生产工艺的开发目的是用于减少环境污染并促进可持续发展；戴鸿轶、柳卸林（2009）研究认为环境创新并不仅仅从技术层面进行定义，而是从宏观的角度强调环保理念，以绿色市场为导向进行制度创新以及生产组织方式、营销模式、经营模式等多角度的创新组合，并以环境友好技术与产品的研发及成果转化为目标。

通过对技术创新概念的回顾和分析，我们发现随着人们对环境的重视程度的提高，技术创新从单纯地重视经济目标升级为重视经济与环境的双赢目标，可将这个演进过程划分为以下几个阶段：第一阶段，仅考虑技术创新带来经济效益；第二阶段，技术创新经历了从先污染后治理的污染控制技术，到以预防为主的预防技术，再到广泛的技术创新与制度创新的整合，以及贯穿产品生命周期全程并实现创新的应用和扩散；第三阶段，强调环境效益与经济效益的双赢，使政府、企业和公众等达成一致。本书根据我国的经济发展状态及资源环境状况，本着可持续发展的原则，采用王齐（2005）对技术创新的定义：企业运用创新的知识和新技术、新工艺，采用新的生产方法和经营管理方式，提高产品质量，开发新的产品，降低能耗与物耗，提高资源利用率，实现市场价值的活动。环境技术创新将成为改造我国传统产业的有效工具，有利于我国传统制造业的改造。传统产业的“绿色革命”可以同时提高社会效益、经济效益和生态效益，环境技术创新将是技术创新的主要方向和内容。

2.2.2　技术创新的典型动力机制

对技术创新的典型动力机制的研究成果较多，主要模式有以下几种：由姜秀山等（1999）提出的 EPNR 模式[1]，由臧旭恒等（2002）提出的技术创新动因系统模式，由赵细康（2003）提出的内外综合驱动力模式、市场需求拉动模式、技术推动模式、市场需求与技术推动双重作用模式、

---

[1] EPNR 模式分别代表：E（Enterprise）企业，P（Policy）政策，N（Need）需求，R（Resource）资源。

政府政策模式。本书在这里主要介绍技术创新动因系统模式和内外综合驱动力模式，这两种类型都有助于说明环境规制对技术创新的影响。

1. 技术创新动因系统模式

技术创新动因系统模式是将创新的方向和程度界定为企业在政府政策制约下，由推力和拉力综合作用的过程，技术创新的推力影响因素主要有企业家偏好、利润动机和科技发展惯性，拉力影响因素主要有市场需求、竞争压力、企业规模和企业垄断程度。如图 2－1 所示。

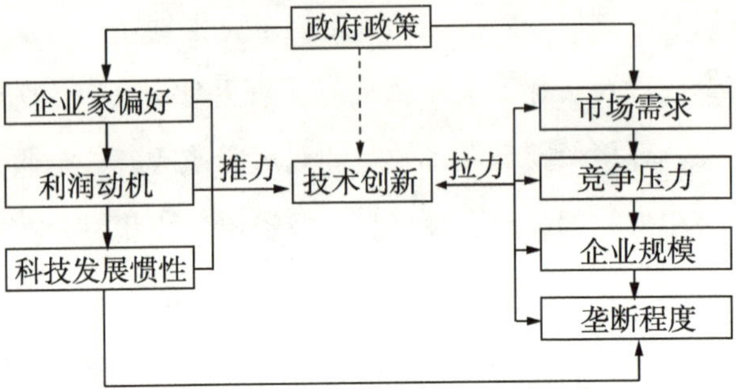

图 2－1　技术创新动因系统模式

资料来源：藏旭恒，等. 产业经济学［M］. 北京：经济科学出版社，2002：235.

2. 内外综合驱动力模式

赵细康（2003）提出的内外综合驱动力模式，将企业技术创新的内部动力和外部动力相区别，并将企业技术创新的形成条件和直接动力相区别，其特点主要有以下 3 个：

（1）外因要与内因共同作用才能促进技术创新，企业要适时利用外因的驱动力，才有利于技术创新，但在技术创新激励中起决定性作用的是内在的驱动力，因此，在同样的外因的驱动力作用下，不同企业的创新程度并不相同。

（2）技术创新动力分为内部及外部综合驱动力。内部综合驱动力包括内驱力和内阻力，其中，内驱力包括：第一，企业为了维护自身的社会形象，将更加注重环保；第二，企业为了提高竞争力，将通过技术创新加大对技术的积累；第三，企业领导和员工的创新精神和创新偏好，企业领导和员工的创新意识越强对企业技术创新的推动力就越大。内阻力包括：第一，创新的 R&D 费用在总费用中所占的份额，在通常情况下，企业规模与 R&D 所占的份额成反比，规模越大的企业，创新的阻力也相对较小；第二，惯性因素，企业原有的资源技术与技术创新后的状态的整合程度；第三，创新的风险，创新的风险越大，收益也可能会越多，阻力也就越大。外部综合驱动力包括外阻力和外驱力：外阻力包括文化观念约束力和资源约束力、制度约束力、产业发展约束力；外驱力包括政府影响力、市场竞争激励力、社会需求拉动力和科技推动力。

（3）技术创新的动力机制模型。赵细康根据前文的理论建立了技术创新的动力机制模型，如图 2－2 所示。企业的内部和外部综合驱动力共同决定了技术创新行为，内部综合驱动力的大小和方向取决于内驱力和内阻力的大小，同样的道理，外驱力和外阻力的大小共同决定了外部综合驱动力的方向和大小，当内部综合驱动力和外部综合驱动力均为正时，对技术创新有推动作用，反之，则对技术创新有阻碍作用。

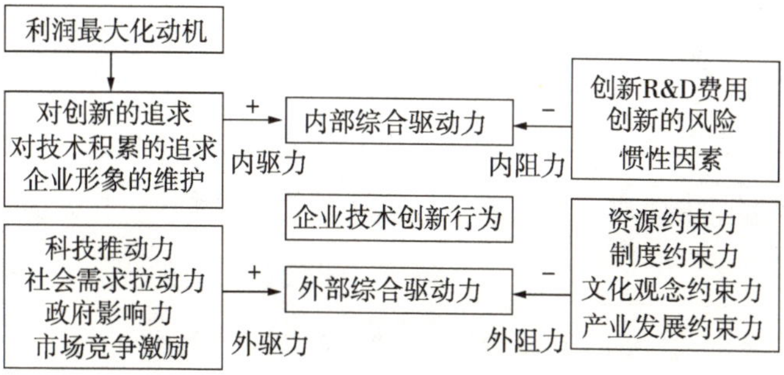

图 2－2　企业技术创新动力机制模型

说明：“－”为阻碍作用；“＋”为激励作用。

资料来源：赵细康．环境保护与产业国际竞争力理论与实证分析．［M］．北京：中国社会科学出版社，2003：101.

2.2.3 技术创新的典型模型及测度指标

1. 回归统计分析模型

单个的定量模型无法准确地解释技术创新包括的丰富内容和复杂的含义，不同的定量模型研究的侧重点不同，关于技术创新数量问题的研究常需要建立回归统计分析模型，下面介绍企业技术创新相关因素回归分析模型。这种模型用于研究相关因素对企业技术创新影响的方向和程度，一般采用对数回归分析模式，设 $\text{Ln}\, y = \sum_{i=1}^{n} \alpha_i x_i$，式中被解释变量 y 代表企业的技术创新数量，x_i 代表影响企业技术创新的相关因素，包括政府因素、企业的创新经费投入、行业规模、产品组织集中度和广告宣传费用等。大多数学者运用该模型对技术创新数量的影响因素进行分析，并得出相应的结论。

2. 技术创新测度指标

自20世纪60年代以来，国内外学者对技术创新的测度从理论模型到测度方法进行了由浅入深的研究，取得丰富的研究成果，并成为研究的热点问题。

20世纪60年代末，国外学者开始研究技术创新的测度。学者们最初认为技术创新是研究与开发、设计、生产、销售的完整的线性过程，认为技术创新主要取决于创新投入，于是通常主要将科技人员数及R&D投入作为测度技术创新的指标。随着技术创新研究的深入，1988年，克莱因（S. Kline）在前人研究的基础上提出了创新的“链环—回路模型”，该模型否认了技术创新的简单线性过程，建立了创新的“链环—回路模型”，使创新的测度更加复杂，更加符合创新实际，但受当时理论研究水平的限制，度量的精确度较低。90年代以后，对技术创新测度指标的研究更加深入，斯切尔（Soherer）认为，技术创新活动的类型不同，就应采用不同的测度指标来度量技术创新。在经济学领域，人们常用专利数、R&D 经费、科技活动经费度量创新，并进行实证分析；在社会学领域，人们常用科技论文数量的多少来代表技术创新的活跃程度；创新研究者通常使用新工艺数量和新产品数量代表技术创新活动；此外，学者们还通常使用专利数据作为创新指标比较各国技术创新水平的差异；兰斯利和荣杰（Ransley & Ronger）研究并总结了企业的最佳 R&D 实践，从七个方面提出了应该重视的问题。

国内对技术创新研究的起步较晚，对技术创新的理论基础和实践方面的研究始于 20 世纪 80 年代中后期，对于企业技术创新量化方面的研究主要体现在：管书华（2003）研究了企业技术创新风险，韩景元和庞更新（2003）、杨忠敏（2004）、王国进和王其藩（2004）研究了企业技术创新能力；王青云和饶扬德（2004）、李艳玲等（2005）研究了企业技术创新效率；王海盛和郑立群（2006）研究了企业技术创新绩效。而这些文献对于技术创新测度研究的比较少，且多数是对国外理论的总结。

总之，自熊彼特提出技术创新的概念以来，大量国内外文献研究了技术创新的理论、政策和方法，该研究领域一直是学术界研究的重点，但到目前为止尚未形成非常完善的方法来测度技术创新行为，在精确度、数据可得性和可比性方面，每种指标都各有优缺点，整体上没有形成一套完整的指标体系。

2.2.4　我国技术创新存在的问题分析

虽然企业对技术创新越来越重视，但我国企业技术创新水平普遍不高，严重制约了企业的发展，具体表现在以下几个方面。

第一，企业自身的创新导向不明确。技术创新不会自动产生，必须在一定的激励条件下才会有序开展，激励因素不同，产生的技术创新导向也不同。目前我国缺乏企业技术创新的激励，这就不利于企业朝着可持续发展的方向进行技术创新，具体体现在：①我国的环境成本计算体系不完善。目前环境成本并没有完全计入企业的生产成本，我国的资源税征收范围窄，税率普遍较低，常出现资源无价或低价，其他生产要素与环境要素的比价严重不合理，不利于激励企业节约和循环利用资源，企业生产以粗放型生产为主要手段，资源和能源消耗十分严重，没有科学的资源定价体系使得企业对绿色技术创新及其应用兴趣不大。②相关环保法律法规不完善。目前我国企业和消费者支付污染费明显低于污染损害补偿费用及污染治理费用，这就使得对废弃物排放主体的约束严重不足，需要通过完善相关惩罚制度、法律法规进行约束，从而激励污染主体通过技术创新减少污染。③税收体系不完善。现行的增值税制度不利于企业节约和循环利用资源，因为企业通过节约利用资源的方式虽然降低了原料成本，但成本中增值部分所占比例增加，按照增值比例缴税的增值税反而缴得更高，严重打击了企业进行绿色技术创新的积极性。

第二，创新管理协调能力不足。完善的创新管理有利于提高企业创新成功的概率和创新效率。日本企业在创新管理方面注重 R&D 的规划，注重对技术创新的组织与管理；美国企业在创新管理方面，注重加强 R&D 组织形式的灵活性及合作团队建设；我国很多企业创新失败的原因是内部组织不完善，组织形式陈旧，此外，在研发过程中出现的市场预测问题，销售过程中出现的技术问题，说明企业内相关部门之间的不协调，企业缺乏创新管理协调能力。

第三，人才缺乏。在技术创新的过程中，除了知识的积累，还需要大量的高素质人才，技术创新是技术与经济的结合，人才是技术创新能力的核心。我国企业在实施技术创新的过程中，技术人才和管理人才严重不足，因此要建立绿色技术创新人才激励机制、监督机制和约束机制，充分激发科技人员创新的积极性，培养具有环保意识的、有社会责任心的、创新型企业家和具有环保技术的企业技术人才。

第四，资金不足，且使用效率低。技术创新投资大、风险大，而环保企业经济实力普遍不足，资金的严重缺乏使企业进行绿色技术创新的积极性较低。在当前的发展阶段，我国存在着发展中国家普遍存在的资金缺乏问题，除了资金总量不足以外，企业融资能力较差，融资体系不完善，这涉及整个金融体系。此外，企业创新体系建设进展缓慢，企业资金的使用效率较低，技术转化率低，转化机制不健全，使本来就不足的资金缺乏问题显得更为严峻，这些问题的存在阻碍了企业技术创新的进程。

第五，社会资源配套体系不完善。技术创新需要完善的法制、健全的产权制度、完备的技术创新服务系统和信息系统、有序的绿色市场等，只有这些配套体系逐渐完善，企业技术创新才会有一个优质的竞争环境和保障。

2.3　环境规制对技术创新的影响机制

环境规制对技术创新的影响机制，是指环境规制的制定与实施对技术创新产生影响的作用过程，即环境规制发生作用的传导机制。本书分别从“成本—收益”、技术传导、“进入—退出”三个角度研究环境规制对技术创新的影响机制。

2.3.1　环境规制影响技术创新的“成本—收益”机制

环境规制对企业技术创新的影响是通过价格机制实现的：其一，在环境规制的实施过程中，环境要素成为一种重要的生产要素，其成本进入到企业的生产函数中；其二，环境成本包括显性成本和隐性成本，当环境成本内在化后，环境要素就进入到企业的决策之中，企业目标函数随之变化，从而影响产品的价格和利润；其三，环境成本对企业技术创新的综合影响还取决于企业对环境成本的转化方式。

1. 企业的环境成本构成

企业面对环境规制，要进行全面的“成本—收益”分析，首先要全面地考虑企业的成本，其中包括显性成本和隐性成本，在以往的研究中，隐性成本通常不被重视，隐性成本对企业发展的影响具有长期性，其影响效果需要较长的时间才能表现出来，鉴于此，本书要从更全面的角度分析企业所承担的全部成本。具体的环境成本构成见表 2－5。

表 2－5　企业环境成本构成

成本性质	成本内容构成
显性成本	①环境规制成本：与环境规制部门规制政策的相关费用，如污染税、企业污染控制设备的更新投入等。 ②技术创新成本：企业为应对环境规制政策进行的技术创新的投入成本。 ③污染危害成本：产品生产、使用和回收过程中的相关环境污染成本和环境净化成本。 ④原材料和能源成本：消耗资源应付出的补偿
隐性成本	①损失的机会成本：在非规制领域内，企业的环境污染直接影响其社会形象，使其失去某些机会。 ②损失的社区信任成本：为了避免企业对环境的危害，社区里会出现一些不配合的行为。 ③损失的企业形象成本：企业因环境污染问题而破坏了其在员工和客户心中的形象，导致员工激励效应下降和产品销量的下降等。 ④道德成本：因环保工作不当，导致员工、客户和社区等对其产生的不认可而形成的无形成本

资料来源：黄蕙萍．提升企业可持续竞争力的产业环境规制研究——以中国建材产业为例［D］．武汉：武汉理工大学，2010；作者整理得到。

重视隐性成本将有利于企业长期的可持续发展，如果忽视隐性成本，只是仅仅有利于短期收益。现在越来越多的企业开始重视隐性成本在整个环境成本中的重要性，积极地进行全面的“成本—收益”分析，制定环境管理战略。

2. 环境成本的转化

（1）环境成本的分担与转移。环境规制会导致企业付出环境成本，企业会通过分担或者抵消的方式消化环境成本。

首先，成本的分担。环境总成本包括显性成本和隐性成本两部分，显性成本是企业用来购买环保设备和交纳排污费的支出，后者包括企业因环境污染而产生的负面的社会形象，使企业竞争力变弱的机会成本。企业隐性成本支出越大，企业在环保方面做出的努力越大，社会形象越好，就越有利于在市场竞争中占据优势，增加利润。在不同的行业中环境成本占总成本的份额不同，轻度污染行业份额较小，企业吸收能力较强；而重度污染行业份额较大，环境规制导致的成本增加对这类企业影响较大，企业对这部分成本的消化能力较差。

其次，成本的转移。企业将环境成本转移给消费者的主要策略是提高产品价格，但取决于产品的需求弹性和供给弹性。从需求弹性角度看，产品的替代性越弱，转移成本的能力越弱，反之，转移成本的能力越强；从供给弹性角度看，生产者的垄断程度越高，供给弹性越小，转移成本的能力越强，反之，转移成本的能力越弱。总之，企业转移成本的能力越强，可持续竞争力就越强。

（2）环境成本挤占企业的创新资金，使成本大于收益。如果环境成本挤占了企业的创新资金，环境规制将不利于企业开展技术创新。

首先，环境规制会挤占技术创新资金。如果环境规制增加了企业的环境成本，并使成本大于收益，环境规制对技术创新就会产生阻碍作用。因为技术创新需要资金投入，在资金有限的情况下，企业为了应对环境规制而将资金用于治污，可能挤占企业原来用于技术创新的资金，从而不利于企业的技术创新。罗思威尔和泽福德（Rothwell & Zegveld，1985）分析美国的实际案例发现，环境规制在某些行业的实施，增加了环境成本，挤占了用于其他研究的 R&D 资金，甚至还会阻碍其他厂商的创新。当然，这种投入的资源转移并不一定导致成比例的创新产出的降低，通常在中小厂商中，污染治理投资对 R&D 支出的挤占比大厂商影响大。

其次，会增大技术创新过程中政策执行的不确定性和技术的不确定性。政策执行方面的不确定性，主要由环境规制政策条文的不清晰、规制制度的不稳定以及规制政策间和规制机构间不协调造成的。在技术不确定方面，环境规制对技术创新的要求比一般的技术创新更为复杂，资金投入更多，创新的不确定因素更大，创新的风险更大。

（3）环境成本激励企业创新，使成本小于收益。

首先，环境规制在增加成本的同时也可通过技术创新推动收益的增加，使收益的增加大于成本的增加。如通过收取污染税费，企业生产成本增加，面对新增的环境要素成本，在利润最大化的动力驱动下，通过技术创新将会提高生产效率，实现资源节约和循环利用，从而降低环境成本及生产成本，甚至增加利润。环境规制可以同时对正常生产活动相关创新和环境技术创新活动产生激励，两种激励可以相互促进，在有利于环保成本下降的同时，有效提高生产率和利润率。

其次，严格的环境规制政策会使企业产生危机感，这种危机感使企业产生了创新的动力。对违反环境规制政策的企业，轻度的罚款、限期治理，严重的停产整顿甚至关停。对生产企业而言，因违反环境规制而受到罚款、停产整顿甚至关停等处罚的成本损失极高，为了避免这种风险损失，企业会积极推进技术创新来适应越来越严格的环境规制。

2.3.2 环境规制影响技术创新的技术传导机制

1. 技术创新的动力系统

赵细康（2004）将技术创新的动力分为内源动力和外源动力。

（1）技术创新的内源力量。1912 年，熊彼特在他的著作中将企业精神和对高额利润的追求作为创新原动力，这一理论是现代创新理论的基础。

表2－6　环境规制内源性力量与外源性力量

技术创新性质	主要内容	
技术创新内源力量	内源驱动力	经济利益最大化
		创建核心竞争力
		创新与企业家精神
		自身形象
	阻力条件	技术创新风险
		技术创新费用
		转换成本
技术创新外源力量	外源驱动力	科学技术进步
		市场竞争激励
		社会和市场需求
		政府政策影响
	相关条件	自然资源
		金融支持
		文化教育
		法制制度
		社会舆论与公众意识等

资料来源：由作者整理得到。

技术创新的内源动力是企业期望通过技术创新获得超额利润和市场竞争优势。企业进行技术创新，必须对创新的收益和风险进行评估。首先，要对企业自身的创新能力和技术创新的风险进行评估；其次，要预测技术创新的收益预期和获得创新收益的时间范围，只有风险适度、成功率较高、收益与预期相符的技术创新才会成为企业的选择。企业技术创新的内源力量包括内源驱动力和阻力条件，具体内容见表2－6所示。

（2）技术创新的外源力量。企业技术创新的内在要求，可以在企业自身以外的外源力量的刺激下实现，技术创新的外源力量包括外源驱动力和阻力条件，具体内容见表2－6所示。

2. 环境规制内源力量与外源力量的影响

（1）内源力量的影响。环境规制影响技术创新的内源力量的因素有许多，如经济、竞争力、创新和社会形象等方面的内源驱动力，也有创新费用及风险等方面的内源阻力，下面将一一做出分析叙述。

追求经济利益最大化：企业技术创新最主要的动力来源就是利润最大化，征收资源税会增加企业的生产成本，受利益最大化的动力激励，企业将会迫切地进行技术创新以降低资源要素成本，通过创新补偿增加利润。

创建核心竞争力：核心竞争力是企业所拥有的，别人不具备的，且不易被他人赶超的异质资源，是多种因素共同作用的结果，技术创新是其中最为关键的因素。技术创新有很多种，环境技术创新可以成为企业的异质性的特殊关键因素，严格的环境规制有利于激发环境技术创新，为企业技术创新提供新方向，有利于企业积累核心竞争力，形成差异化的绿色竞争优势。

创新主体的创新意识和企业家精神：该因素是技术创新的重要内部动因，其表现为当环境规制越来越严格，环境成本的增加、公众对绿色产品的追求等因素彻底改变企业的战略决策的过程、依据与方法，环境技术创新成为现代企业竞争的重要新手段。企业只有不断地以积极主动的战略去面对日益严格的环境规制，不断强化创新意识，充分开发新的环境技术，才能创造并保持持续的竞争优势。

提高社会形象和综合收益：严格的环境规制增强企业的环保意识，提高其社会形象，有利于企业得到公众认可、银行融资、消费者信赖以及同行尊重，提高其综合收益。综合收益的提高将激励企业更加注重环保，注重技术创新，形成良性的循环。

技术创新风险：影响创新活动动机的一个重要因素就是它的风险性。一方面，环境技术创新存在着投入高、收益滞后、收益不确定等问题，这主要是因为目前我国的环境技术整体正处在探索阶段，相对于传统成熟技术而言，环保理论基础、原材料、生产流程和信息平台都有待完善，这极大地增加了环保创新的风险和不确定性，特别影响中小型企业的创新积极性。另一方面，随着政府对环境的重视以及环境规制政策的加强，与环境保护技术相关的理论研究和应用研究将逐步深入，有利于加快技术创新的进程，缩短技术创新收益滞后期，增加创新收益，降低创新的风险，增强企业进行绿色技术创新的积极性。

技术创新费用：环境规制政策的实施从两个方面对技术创新的费用产生作用。首先，会挤占用于传统的技术创新费用。为了适应日益严格的环境规制政策，企业会将资金投资于污染治理，而污染治理技术开发的复杂程度和难度相对传统技术创新更高，且成本高、风险较大、见效缓慢，如果企业一旦出现资金紧张，污染治理将会占用传统技术创新的费用而阻碍技术创新。环境规制对创新费用的这种挤占效应，在中小企业中表现得最为明显，对于大企业的影响较小，因此，这种创新资金的转移不会使创新产出成比例地降低。其次，环境规制有利于引导政策朝着降低技术创新费用的方向发展，如促使政府在财政和产业发展政策上进行倾斜，给予企业相应的税收优惠和创新奖励，有效补充企业 R&D 经费的不足。

转换成本：新技术代替旧技术的过程中会产生转换成本，在环境规制政策下，环境技术创新与旧的技术模式是不同的，创新过程的每一个环节将与环保理念进行整合，改进涉及的项目较多，幅度较大。因此在这个过程中需要较高的费用，这在一定程度上约束了企业进行技术创新的积极性。

（2）外源力量的影响。环境规制影响技术创新的外源力量包括外源驱动力和相关条件，外源驱动力包括科学技术进步、市场需求、市场竞争激励和政府政策，相关条件包括自然资源、金融支持、文化教育、法制制度和社会舆论等，参见表 2－6。以下只就外源驱动因素做一分析。

科学技术进步：经济增长方式由粗放型向集约型转化是我国未来经济发展的核心问题，工业发展急需改变技术路线，政府政策将改变科学技术进步的方向，对环境友好技术的创新活动给予更多的政策支持及持更加积极的态度。

市场竞争激励：在成熟的市场机制下，交易费用低，效率高，通过市场引入竞争机制，并强调适度和规范的竞争，有利于引导技术创新，有效激发技术创新行为。

社会和市场需求：随着环境规制的加强，以及社会公众对环保的重视，市场对绿色产品的关注和需求越来越强烈，从而形成了巨大的绿色消费市场，在市场需求的推动下，企业技术创新的动力将得到最大程度的激发。

政府政策影响：环境规制政策是与其他相关政策同时实施的，不同政策间不可避免地会存在矛盾和冲突，随着社会环保意识的增强，当相关政策与环境规制相冲突时，政府会将相关政策作相应的调整，使政府的政策体系协调发展，这也有利于环境规制政策效力的发挥。

此外，如自然资源、法制制度、金融支持、文化教育、公众意识与社会舆论等外源力量也会在环境规制的作用下产生影响。比如，法制制度将有助于保护技术创新者的知识产权，保障其应得利益；相关的金融制度将为技术创新提供金融支持；自然资源的产权体系的建立将有助于外部性问题的解决；文化教育中环保知识的强化及科普、公众环保意识的增强将有利于环境技术创新和技术扩散。

(3) 综合影响。以上分别从内源力量和外源力量两方面分析了环境规制对企业技术创新动力的影响，通过以上分析，我们发现环境规制对技术创新的综合影响取决于多方影响因素的合力，并不是单个因素的影响。

2.3.3 环境规制影响技术创新的“进入—退出”机制

环境规制通过对企业的“进入—退出”产生一定的影响。新企业进入某一市场需具备一些基本要素，还会遇到某些困难和障碍，这就是所谓“进入壁垒”，如贝恩（Bain，1956）将其解释为：与潜在的新进入市场的企业相比，产业内原有企业在竞争条件上存在优越性；苏东水（2000）进一步分析了影响进入壁垒的因素主要涉及五个方面，如政策和法规障碍、绝对成本障碍、规模经济障碍、产品差别化障碍以及阻止进入策略行为；杨蕙馨（2004）认为，进入壁垒体现在位者的一种“先占优势”，具体表现在认知占优、资源占优和市场占优等方面。退出壁垒（Exit Barriers）又称为退出障碍，杨蕙馨（2002）认为当某一产业的在位企业不能赚取到正常利润，且决定退出时所负担的成本就是退出壁垒；赵玉林（2004）研究认为形成退出壁垒的影响因素较多，如沉淀成本，政府的干预、法律法规等，并以政府干预就业为例说明了该问题。

环境规制可以通过改变进入壁垒或者退出壁垒的方式来影响企业进行技术创新，从而改变市场格局。

1. 环境规制对企业进入的影响机制

（1）环境规制能提高进入壁垒，激励企业进行技术创新。由于环境规制的约束，企业的环境成本将增加，企业需加大投资，提高资本存量，从而扩大企业规模和生产成本，这将提高新企业的进入难度，成为阻碍新企业进入的壁垒。帕赛耿（Pashigan，1984）研究发现环境规制使得新企业的进入需要大量的环境设备投资，企业必须开发和采用新技术，这就大大提高了进入壁垒，特别是一些污染密集型的基础工业部门，环保成本占总成本的比重较高，如建筑材料、造纸、金属加工等企业，进入壁垒更高，导致企业规模的扩大和资本强度的增加，更需要环保技术做支撑，大大推动了企业技术创新的积极性。

（2）环境规制通常对新企业更为严格，提高进入壁垒，激励企业技术创新。在实施环境规制时，对现有企业和新企业通常实行不同的环境规制标准，对新企业进入的环境规制更为严格。实施双重规制标准可在保证现有企业生存能力的同时，消除环境损害程度的加速，这就要求新企业必须拥有更为先进的环保技术才能够以在行业立足，有效地激励新企业的技术创新，技术也成为新企业的进入壁垒，同时，对于现有企业而言，就面临着较强的竞争对手，也必须通过技术创新的方式维持其在行业中的地位。

（3）环境规制激励企业进行差异化的技术创新，使其产品具有异质性，从而提高进入壁垒。产品的异质性源于差异化的技术创新，产生独特化的品牌，因此，如果企业将环境保护纳入其长期发展战略，通过绿色产品宣传维护企业的绿色环保形象，形成产品的绿色特征，提升消费者对此类产品的认可度，这将有效提升企业的竞争力，市场对现有企业的这种异质性绿色产品的认可度越高，意味着对潜在进入者的壁垒就越高。

2. 环境规制对企业退出的影响机制

企业在市场中存在着较高的退出壁垒。首先，政府出于社会稳定及政治的考虑，会尽量避免企业的破产，否则将会导致失业率上升；其次，市场交易费用过高，资产重组困难，企业并购难度较大，使企业退出壁垒较高；最后，地方政府为了稳定的财政税收收入，会避免企业破产，使企业退出壁垒较高。环境规制降低退出壁垒甚至使退出壁垒为零，最为严厉的规制如“关、停、并、转”能强令污染企业退出市场，等同于降低或者取消退出壁垒，为了规避严格的环境规制，企业必须通过技术创新控制污染，提高竞争力。

总之，环境规制通过影响进入壁垒和退出壁垒，来影响企业技术创新的积极性，一方面，通过环境规制增加企业成本和规模、对新企业制定更高的环境标准、激励产品差异化创新等，使新企业因门槛过高而不能进入；另一方面，强令重污染企业退出市场等方式，使现有企业面临着低的退出壁垒，企业为了规避严格的环境规制，必须通过技术创新控制污染；环境规制改变了企业的进入壁垒和退出壁垒，使得市场中的企业数量维持稳定，使企业在适度的水平上竞争，影响产业市场集中度，提高产业利润率和竞争力。

此外，不同的环境规制政策工具对企业的技术创新的影响存在着较大的差异，从而对企业进入、退出的影响不同。基于市场的环境规制政策工具，如排污税、可交易许可证比命令控制型环境规制更有利于企业创新，使企业赢得竞争力，而且受规制企业在“命令—控制”型环境规制下的市场份额，通常低于在可转让排污许可的环境规制制度下的企业的市场份额。

简短小结

本章研究了环境规制与技术创新的相关理论，其内容分为三部分。环境规制的理论基础、基本概念、中国环境规制政策的演变以及政府对环境规制政策的选择等为第一部分。第二部分界定了技术创新的概念，并系统地阐述了其典型动力机制理论、典型模型与测度指标以及中国技术创新存在的问题。第三部分分析了环境规制对技术创新的效应及机制，介绍了典型的“成本—收益”机制、技术传导机制及“进入—退出”机制；这三种机制分别从“成本—收益”的角度、技术创新的内源与外源动力系统的角度，以及企业的进入壁垒和退出壁垒的角度研究环境规制对技术创新的影响，企业在三种机制综合作用下，将选择适当的技术创新方式。

第3章　环境规制变量的测度[1]

目前关于环境规制的实证研究较多，量化环境规制程度的方法也较多，但无法用一个很准确的变量来度量环境规制的程度。环境规制变量数据难以获得且数据质量相对较弱，对经验研究造成了一定的困难，笔者阅读了大量的国内外文献，总结归纳出目前对环境规制量化方法的探索主要有四类：单一指标法、替代指标法、赋值法和复合指标法。现将研究结果总结如下，并将四种方法的优劣势进行分析和比较。

3.1　环境规制测度的主要方法

3.1.1　与环境规制政策工具相关的单一指标

单一指标法是指直接采用某一种环境规制政策工具对污染排放的控制程度或控制效果或治污成本来表示环境规制程度的高低。根据环境规制政策工具的特征和演变历程，“两分法”[2] 将其划分为“命令—控制”型环境规制工具和基于市场的环境规制工具，见表3－1。

---

❶ 本书的第3章作为博士后研究的阶段性成果已经在《统计与决策》杂志2011年第22期中发表，见19至22页。

❷ 环境规制政策工具的分类有“两分法”和“三分法”。“三分法”将环境政策工具分为三种类型：传统的“命令—控制”型管制，即第一代工具；基于市场的政策工具，即第二代工具；自愿环境管制，即第三代工具。“两分法”和“三分法”没有本质的区别，主要区别在“两分法”将自愿环境管制政策纳入到市场化工具之中，“三分法”则将自愿环境管制从市场化工具中分离出来。

表 3－1　我国主要的环境规制政策工具及其分类

类　型	政　策　工　具
“命令—控制”型环境规制工具	环境标准、环境影响评价制度、“三同时”制度、关停污染企业
基于市场的环境规制工具	排污收费、污水处理设施使用费、污染减排补助、排污许可证交易、对污染企业的贷款限制

资料来源：金碚．资源与增长［M］．北京：经济管理出版社，2009：279；作者整理。

“命令—控制”型环境规制工具是政府采用行政手段对环境资源利用进行直接的控制，通常政府通过立法立规或制定政策为排污企业规定排污量或执行统一的技术标准，被规制企业大多以被动的方式应对，企业间也不能将“剩余”或“不足”的排污量进行交易，不达标准的企业要受到经济处罚。我国选用的“命令—控制”型政策工具主要包括环境标准管制、环境影响评价制度、“三同时”制度和关停污染企业等；基于市场的环境规制工具是通过市场信号为企业提供经济激励，引导企业实现经济绩效与环境保护的双赢目标，我国的这种规制工具主要包括排污收费、污染减排补助、污水处理设施使用费和排污许可证交易等。

1. 对“命令—控制”型环境规制政策工具的度量

环境标准政策对厂商制定统一的标准，可采用基于技术和绩效的标准。技术标准规定了企业的减污技术，甚至指定了统一的减污设备，企业没有选择的自由。绩效标准规定了污染控制目标，但对企业选择何种方式达到这个目标没有规定，企业可根据自身的特点自由选择，如废水、废气的达标排放，可对企业制定一个强制性的排污执行标准。在执行标准下，企业有一定的灵活性，只要选择合理排污手段达到标准即可。根据环境标准的规定，学者们采用以下方式对环境标准的严格程度进行度量：李永友（2008）以地方颁布的环保标准或环保方面的规章数量来衡量规制程度的高低，数量越多表示环境规制程度越高，反之则越低；奥斯克等（Otsuki et al.，2001）、田东文和叶科艺（2007）分别采用欧盟成员国、工业化国家对农产品中黄曲霉素含量的限量水平来表示环境规制的严格程度，限量越低，代表环境规制程度越高，反之则规制程度越低；梁冬寒等（2009）采用二氧化硫减除量占二氧化硫产生总量的比重来表示行业的环境规制程度的高低，该比重越大，意味着环境规制程度越高；江珂（2010）采用各省份污水排放达标量除以该省（自治区、直辖市）污水排放总量，即污水排放达标率来表示环境规制程度，达标率越高，环境规制程度越高。

2. 市场化环境规制工具的度量

针对排污收费工具，李永友（2008）采用三废排放缴纳的排污费与相对应的三类污染物排放量的比值来分别表示污水、废气、固体废物的环境规制程度；李胜文（2010）分别以单位污染物的排污费征收额、工业总成本中排污费所占份额、工业利润中排污费所占份额这三个变量来表示环境规制严格程度。针对污水处理设施使用费，如赵红（2007）根据2002—2008年《中国环境年鉴》中公布的行业废气和废水污染治理设施的运行费用之和，作为行业污染治理成本，用每千元产值污染治理设施运行费用（成本）衡量行业环境规制程度。针对污染减排补贴政策工具，在实践中一般以环保补助的形式出现，但受数据可得性的限制，在实证研究中通常采用工业污染治理支出作为代理变量，虽然污染减排补助的作用效果在一定程度上会被夸大，但实证研究结果中的变量作用方向不会改变；如杨涛（2003）、吴玉鸣（2006）和应瑞瑶（2006）采用了工业污染治理项目完成投资额，“三废”排放治理支出代表环境规制程度，该投资额越大代表政府的污染治理投入越大，环境规制越严格。

刘志忠（2009）综合前人的研究，分别采用6个指标来度量中国城市的环境规制程度，工业废水达标量/工业废水排放量，工业二氧化硫去除量/工业二氧化硫排放量，工业烟尘去除量/工业烟尘排放量，环境污染治理投资总额，城市环境基础设施建设完成投资额，“三废”综合利用产品产值。

国外学者对环境规制的量化的研究更多采用污染的费率或费用来表示，这主要是由于发达国家的环境规制政策工具多采用市场化的规制工具。如迪安（Dean，1992）选取的是污水费率，即每个地区征收的总污水排放费用除以污水排放超标量。克莱斯特等（Christer et al.，2005）选取的是付费企业平均承担的污染费用。马修·科尔和罗伯特杰·艾略特（Matthew A. Cole & Robert J. R Elliott，2005）采用各行业的减污运营成本占产业附加值的比重来表示环境规制程度的高低。

采用某一种环境规制政策工具对污染物的控制程度或者控制效果或治污成本来度量环境规制程度的优点在于其数据的客观性，因为一国或地区的环境污染状况是建立在监测数据的基础上的，上报的产业或企业的污染排放数据也受监督，同时上报的减污成本与真实的成本相差也不大；此外，取得连续的环境规制数据也较容易。但该方法的局限性在于可用于考察单一环境规制政策的实施或调整的效应，不适用于考察不同环境规制措施的先后实施的效应。比如，用某一种污染排放物的达标率来度量环境规制程度虽然数据比较容易获得，但存在着一定的片面性，若单独用污水排放达标率来表示环境规制程度的高低，只能表示出环境规制政策对水污染物质的控制，而忽略了对空气质量的控制水平；而有的研究没有考虑经济总量，直接用环境污染治理投资总额、城市环境基础设施建设完成投资总额、“三废”综合利用产品产值这些变量来表示环境规制程度的高低，这也存在着明显的弊端，如与其他省份相比，某省（直辖市、自治区）环境污染治理投资额小并不能直接说明该省（直辖市、自治区）环境规制就宽松，也可能是由于该省（直辖市、自治区）的经济规模小造成的。因此，赵红（2007）等采用的单位产值的治污成本来度量环境规制程度的方法更加符合理论逻辑，即充分考虑了区域的经济总量，也通过治污成本表达了政府治理污染的决心。

3.1.2 替代指标法

替代指标法是选用与环境规制程度高度正相关且又独立于实际的污染排放的变量来表示环境规制程度。在替代变量的选择上，苏氏（Xu，2000）发现环境规制指标和国民生产总值及国内生产总值指标的相关系数分别高达0.86987和0.8553，达斯古普塔等（Dasgupta et al.，2001）的研究也认为一国或地区的环境规制程度与收入水平的相关性较高，因此很多学者，如安特威乐、科普兰和泰勒（Antweiler, Copeland and Taylor, 2001）在国际分析中采用“人均GDP”来衡量环境规制严格程度，陆旸（2009）用“人均收入水平（GNI）”作为环境规制的代理变量，这也说明环境规制程度是由收入水平内生决定的，收入水平越高，人们对环境的关注度越高，环境规制政策就越严格，反之，收入水平越低，环境规制政策就越宽松。傅京燕（2006）考虑到人均GDP与其建立的模型中的自变量人均资本（K/L）存在严重的共线性，采用单位GDP的能源消耗（Energy/GDP）代替人均GDP衡量一国或地区的环境规制严格程度，Energy/GDP越小，说明环境规制越严格，Energy/GDP越大，说明环境规制越宽松。索尼亚·本·克亥德（Sonia Ben Kheder，2008）则采用能源效率（GDP/Energy）来度量环境规制的严格程度，他认为使用这个变量的好处在于它可以度量政府针对环境的一系列规则和条款的真实影响效果，从而区别有的城市仅仅只是理论上采取所谓的环境规制政策，但对企业没有任何约束，而有的省份是采取了实实在在的针对生产企业的环境规制政策。李钢（2010）采用环境规制的执法强度来表示环境规制的严格程度，他认为中国环保的实际问题不是需要提高环境规制标准的问题，即不是“无法可依”，而主要是需要提高环境规制执法强度，即存在“有法不依”；环境规制执法强度越高，废弃物排放达标率就越高，用环境规制的执法强度来表示环境规制的严格程度，环境规制执法强度值越大，表明一国或地区的环境规制越严格；该值越小，表明一国或地区的环境规制执法强度越小，环境规制越宽松。

此类环境规制的替代变量的优点是连续数据获得比较容易，可适用于面板数据分析及时间序列数据分析，但由于该替代变量属于内生环境规制变量且独立于实际的污染排放，在模型研究中容易出现共线性问题。

3.1.3 赋值法

赋值法是指在一定的依据下用数字对环境规制的严格程度进行赋值。如范·比尔斯和范·登·博格（Van Beers & Van den Bergh, 2000）采用的就是典型的赋值法，对一国或地区的环境规制的程度从1到7进行赋值，环境规制越宽松的赋值越小，环境规制越严格的赋值越大❶，这种赋值法适合于使用横截面数据度量总体的环境规制程度，不适合于度量某一具体的环境规制工具。李昭华（2009）将前人采用的赋值法加以拓展，对先后出现的环境规制措施赋予环境规制变量一定的增量，如针对某项环境规制政策的实施，将环境规制变量的赋值增幅设为10或5，环境规制政策越严格，赋值的增幅越大，使其适用于时间序列数据和面板数据中先后出现的不同类别的环境规制措施。拓展的环境规制

---

❶ 实际上，范·比尔斯和范·登·博格（van Beers and van den Bergh, 2000）借鉴了托比（Tobey, 1990）所使用的赋值法。托比（Tobey, 1990）对23个国家的SER赋值方法基于沃尔特和安哥鲁（Walter and Ugelow, 1979）引述的联合国贸易和发展会议在1976年的调查报告。

赋值法可以更好地反映因先后实施、修改不同类别的环境规制措施而使各国（地区）的环境规制变量值随时间不断强化，解决了时间序列和面板数据中对多项不同类别的环境规制措施进行计量分析的问题；而该度量方法的缺点在于存在着较大的主观性，精准度不高。

虚拟变量法也是赋值法的一种，对环境规制措施的实施前后，分别取值 0 和 1，如顾国达等（2007）在研究日本对茶叶中农药残留限量的三次调整中，采用了 3 个虚拟变量来表达；李永友（2008）在实证分析中对实施污染许可证交易的地区取值为 1，否则为 0。但这种虚拟变量法存在着一定的弊端：第一，在样本有限的情况下，模型中多个虚拟变量的采用会使解释变量过多，影响分析结论；第二，从经济意义上讲，该方法通过赋值反映的是环境规制政策是否实施，而不是环境规制政策的严格程度。

3.1.4 复合指标法

复合指标法也可称为综合指标法。这种测度方法主要考虑到一种环境规制指标无法全面准确地衡量环境规制程度，就通过综合几种环境规制的度量方法对环境规制程度进行全面度量，该方法多见于国际环境规制的比较与研究。如范·比尔斯和范·登·博格（Van Beers & Van den Bergh, 1997）在 7 项环境指标的基础上计算出一国或地区的环境规制指数，该环境规制指数介于 0 ~ 1，这 7 项环境指标分别是：①1980 年能源密度水平，以等价于百万公吨石油每 1000 单位当前 GNP 计算；②1990 年无铅汽油的市场份额；③1990 年废纸回收率；④1990 年废玻璃回收率；⑤1990 年保护区占国土面积的百分比；⑥1991 年与污水治理工厂相关的人口比例；⑦1980—1991 年能源密度变化。这 7 项指标分别从 7 个方面描述了环境状况，综合了这 7 个方面的环境规制指数更加接近于现实，对环境规制的度量更加全面。达斯古普塔等（Dasgupta et al.，1995）研究给出31个国家环境规制严格程度的指标，该指标是在由联合国环境与发展会议提供的各国基于环境政策、环境立法和环境执法报告的详细信息基础上综合取得的；此后，埃里斯特和弗雷德里克森（Eliste & Fredriksson，2001）通过同样的计算方法将该指标扩展到60个国家，得出这60个国家农业部门的环境规制程度，埃里斯特和弗雷德里克森（Eliste & Fredriksson，2001）与达斯古普塔（Dasgupta，1995）的环境规制指标具有高度的相关性；以后的学者们，如马修·科尔和罗伯特杰·艾略特（Matthew A. Cole & Robert J. R Elliott，2005）等在实证研究中采用了埃里斯特和弗雷德里克森（Eliste & Fredriksson，2001）的环境规制指标。索尼亚·本·克亥德（Sonia Ben Kheder，2008）认为用单一的变量代表环境规制不准确，因此，选用4个变量通过标准化的方式综合为一个指标来度量各国（地区）的环境规制程度，这4个变量分别是能源效率（GDP/Energy），每10亿美元GDP获得ISO14001证书的企业数，每百万人口中非政府组织INGO（International Non-Government Organization）[❶]的成员数，政府签署的多边环境协议的数量。索尼亚·本·克亥德（Sonia Ben Kheder）的这种方法为全面度量环境规制程度提供了一个较新的思路，将多种度量环境规制程度的变量通过标准化的方式进行综合。使用综合指标来度量环境规制程度，可使研究结果更具有现实意义。

一些国际组织和机构对全球环境规制的度量做了一些探索性的工作，如世界银行的环境规制程度的综合指数，包括了空气、水、土地和生物资源四个方面的环境绩效，苏氏（Xu，2001）在其研究中采用了该综合指数。国际地球科学信息中心网CIESIN（Centre for International

---

❶ 这个变量代表了一国的国际非政府组织的人口密度，达斯古普塔等（Dasgupta et al.，1995）及斯马西克和沃尔（Smarzynska & Wei，2006）研究认为国际非政府组织使人们对环境问题更加敏感，推动政府制定更多的政策，同样也推动环境规制政策的严格化。

Earth Science International Network)[1] 提供了全球146个国家（地区）的环境可持续发展指标，其中的环境监管指标（Environmental Governance）是由12个变量的数据计算得出的，布塞（Busse，2004）和陆场（2009）两位学者分别将2003年及2005年的环境监管指标作为环境规制的代表性指标进行实证分析，并取得了一定的成果，但由于该指标并不连续，不适用于时间序列和面板数据，主要适用于横截面数据。目前完整且连续的国际数据获得的难度较大，这需要世界各国及相关国际组织的共同努力。

3.2 主要测度方法的优劣势比较分析及展望

环境规制变量的度量是研究环境规制问题的核心，恰当的环境规制变量度量方法是影响环境规制实证研究准确性的重要因素。本文研究环境规制变量的度量方法具有重要的理论意义和应用前景，对于认识环境规制的本质、建立环境规制制度理论有着积极的促进作用，对于政府制定环境规制政策工具和衡量其宽松及严格程度，也有着重要的实际应用价值。

采用单一环境规制政策工具对污染物的控制程度或者控制效果或治污成本来度量环境规制程度的优点在于其数据的客观性，且容易取得连续的环境规制数据。但该方法的局限性在于可用于考察单一环境规制政策的实施或调整的效应，不适用于考察不同环境规制措施的先后实施的效应。替代变量的优点是连续数据获得比较容易，可适用于面板数据分析及时间序列数据分析，但由于该替代变量属于内生环境规制变量且独立于实际的污染排放，在模型研究中容易出现共线性问题。赋值法适合

[1] CIESIN，2008，"2005 Environmental Sustainability Index"，Centre for International Earth Science Information Network，Internet：<http：//www. ciesin. columbia. edu/indicators/ESI>.

于使用面板和横截面数据度量总体的环境规制程度，更好地反映因先后实施、修改不同类别的环境规制措施而使各国（地区）的环境规制变量值随时间不断变化，解决了对多项不同类别的环境规制措施进行计量分析的难题；但不适合于度量某一具体的环境规制工具，且精准度不高，主观性较大。复合指标法通过综合几种环境规制的度量方法对环境规制程度进行全面度量，多见于国际环境规制比较与研究，可使研究结果更具有现实意义，但获得完整且连续的国际数据的难度较大。

一般来说，选用哪些指标来度量一个国家和地区的环境规制程度的高低，可以从以下几个方面考虑。

首先，应当以该国或地区的环境规制政策工具的发展特点为理论依据和原则，环境规制度量方法伴随着人们对环境规制概念的认识的加深而演变。早期学者们认为环境规制是政府以非市场途径即行政手段对环境资源利用进行直接的控制，因此，污染物的排放标准就用来度量环境规制程度；但是随着认识的加深，经济手段也逐渐运用于环境规制之中，因此也出现新的环境规制度量方法，如排污收费率、污染减排补贴额等。从这个意义上来说度量方法演变的内在动力是环境规制政策工具的演变。

其次，环境规制政策工具的选用应当考虑到该指标运用的方便性、现实可行性和数据的可获得性。比如，排污许可证交易的金额指标显然不适用于度量我国现阶段的环境规制的程度，因为我国还没有形成完善统一的排污权交易市场。

再次，环境规制度量指标的选取还要取决于研究的目的。一般选择多个指标较为适宜，从多方面来考察环境规制程度，可以避免单一指标所带来的片面性和不切实际。

最后，数据的统计口径要与国内相关统计指标保持一致，并逐渐完善且符合国际规范，以保证测度的规范性和统一性，也便于国际间的比较和交流。

环境规制变量度量的这些指标方法都存在各自的缺陷，也都存在各自的优点，无论采用哪种方式度量环境规制都存在着一定的局限性和片面性，并且同一国家或地区用不同的指标度量有可能得出不同的结论。目前的实证研究往往只采用其中的一种环境规制度量方法，这在一定程度上影响了评价各个国家或地区环境规制程度的准确性，因此，在运用这些实证研究结论制定政策时需要谨慎。在未来，环境规制变量的度量方法必然会随着人们对环境规制概念理解的加深以及环境规制政策工具的发展而不断演进。总的来看，随着环境规制理论的深化，环境规制的度量将体现出多层次性和综合性。在实证研究中，对于环境规制量化的科学性问题将是一个长期的重要研究课题。

简短小结

本章对环境规制变量的主要测度方法进行了分类阐述，在分别介绍了单一指标法、替代指标法、赋值法和复合指标法四种测度方法的基础上，对这四种测度方法的优劣势进行比较，并对未来环境规制测度的发展方向进行了展望。

第4章　环境规制对中国技术创新影响的实证分析

4.1　环境规制对技术创新的效应——基于省际数据的分析[1]

环境规制会导致环境要素价格提高，企业生产过程中的环境成本会增加，企业为了降低成本，提高竞争力，积极进行技术创新，通过创新补偿的作用，弥补甚至超过环境规制所带来的成本的增加，提高生产效率和利润率，这是环境规制对技术创新的激励效应；而企业一方面要生产，另一方面又要创新和治污，污染治理的投资将会挤占技术创新的资金，从而阻碍企业的技术创新。因此，环境规制对技术创新既存在着激励作用又存在着阻碍作用，但是，最终的结果取决于激励作用与阻碍作用的博弈，大量文献对该问题进行了研究。

以前的文献对波特假说的验证多以发达国家为研究对象，关于发展中国家的文献较少，且多从全国的角度笼统分析，或者选取典型案例进行说明。对于波特假说成立的条件，虽然人们研究得出要在一定的前提下才成立，如以市场机制为基础且恰当设计的环境政策，环境规制政策

[1] 本书的第4章第1节作为博士后研究的阶段性成果已经在《科研管理》杂志2011年第7期中发表，见60至66页。

的严格执行，以及企业对待环境规制的积极策略，但对波特假说成立的条件并没有从实证的角度进行分析，也忽视了人力资本与环境规制的交互作用对技术创新的影响。为了填补研究的空白，本章试图在以下方面有所扩展。

（1）将中国分为东部、中部、西部三大区域[1]的基础上实证分析环境规制与不同种类技术创新的关系，根据区域差异制定相应的政策。

（2）对实证方法进行改进，引入交互效应模型，考量环境规制与人力资本水平的交互作用对技术创新的影响，通过对有交叉项和没有交叉项的两个模型的拟合结果进行比较，更有针对性地分析环境规制、人力资本水平变量对我国技术创新的影响，重点找出波特假说成立的人力资本条件，即研究是否存在“人力资本门槛”，为探索针对不同区域促进环境规制对技术创新能力的提升提供有益的思路。

4.1.1 模型的建立和变量说明

1. 模型设定与变量说明

本章构造如下模型来评估环境规制对我国技术创新能力的影响，在模型（4.1）、（4.2）中依次引入解释变量以及交互效应变量 $H_{it} \times ER_{it}$，以检验人力资本与环境规制的交互作用对技术创新的影响：

$$\ln Y_{it} = \alpha \ln \mathrm{STP}_{\mathrm{it}} + \beta \ln \mathrm{STE}_{\mathrm{it}} + \gamma \mathrm{H}_{\mathrm{it}} + \theta \ln ER_{it} + C + \varepsilon_{it} \tag{4.1}$$

$$\ln Y_{it} = \alpha \ln \mathrm{STP}_{\mathrm{it}} + \beta \ln \mathrm{STE}_{\mathrm{it}} + \gamma H_{it} + \theta \ln ER_{it} + a\ H_{it} \times \ln ER_{it} + C + \varepsilon_{it} \tag{4.2}$$

其中 Y_{it}是被解释变量，表示技术创新水平，用各年各样本省份的专利授权项表示。在自变量的选择上，$\mathrm{STP}_{\mathrm{it}}$表示科技活动人员数；$\mathrm{STE}_{\mathrm{it}}$表示科技活动经费内部支出总额；$H_{it}$表示第 i 地区第 t 年人力资本

---

[1] 这是因为中国各区域无论是从经济发展水平，技术创新能力，人力资本水平，还是政府对环境规制的重视及严格程度都有较大的差异，因此，很有必要针对不同的区域分别研究，本文认为环境规制对中国技术创新能力的影响存在着区域差异，拟对此进行定量分析。

水平；ER_{it}表示第 i 地区第 t 年的环境规制程度。专利的授权项可以衡量一个地区的科技创新能力。专利分为外观设计、实用新型和发明专利。外观设计专利是指对产品的外形、图案色彩或其结合做出富有美感并适于工业上应用的新设计；实用新型专利是指产品的形状、构造或结合所提出的适于实用的新的技术方案；发明专利是指对产品、方法或对其改进所提出的新的技术方案。相对于发明专利而言，外观设计、实用新型专利技术水平较低、学习模仿较容易。为比较环境规制对各区域不同类型技术创新能力的影响，本章对发明、实用新型和外观设计专利分别进行回归分析。α、β、γ、θ、a 都为相应的系数，ε_{it}为随机扰动项，样本省、直辖市、自治区（简称省、市、自治区，或称各省份，各地区），t 为时间序列，即 1997—2008 年[1]。

2. 样本的选择与数据描述

本章选取的是全国 29 个省市自治区 1997—2008 年的面板数据，所有数据来源于 1998—2009 年《中国统计年鉴》《中国科技统计年鉴》《中国环境年鉴》和中华人民共和国国家统计局网站。

（1）专利授权项（Patent）。专利授权项是技术创新水平的重要衡量指标，可以从一个侧面反映技术创新能力和水平，本章使用各地区发明、外观设计、实用新型三类专利的授权数量作为不同类型技术创新的衡量指标。

（2）科技活动人员数（STP）。科技活动人员是技术创新的主力军，是开展科学技术活动的核心力量，科技活动人员的多少是本章从科学技术的层面衡量一个地区技术进步程度和经济增长能力的重要因素。

---

[1] 该面板相关变量数据搜集至 2008 年，这是因为中国 2010 年开展的第二次全国 R&D 资源清查，进而对中国科技统计指标体系进行了修订，2010 年及以后的《中国科技统计年鉴》不再统计地区“科技活动人员数”、“科技活动经费内部支出总额”及相关指标。因此，受数据可得性的限制，模型中的变量数量只能延长至 2008 年。

(3) 科技活动经费内部支出总额 (STE)。经费投入是进行科技活动的基础，研发水平要获得迅速提高，就必须有强大的资金做支撑，本章用各地区“固定资产投资价格指数”将当年价格的科技活动经费内部支出额折算成以1997年为基期的不变价格的科技活动经费内部支出额，来表征各地方财力因素。

(4) 人力资本水平 (H)。本章采用贝罗和西利 (Barro & Lee, 2000) 的方法，用劳动力平均受教育年限来度量各地区人力资本水平。以6岁及以上人口为总样本，假定各级教育的教育年限分别为文盲0年、小学6年、初中9年、高中12年、大专以上教育程度为16年，各地人均受教育年限的计算公式为：小学比重×6+初中比重×9+高中比重×12+大专及以上学历比重×16[1]。

(5) 环境规制严格程度 (ER)。对环境规制严格程度的度量方法较多，本章选用各地区工业废水排放达标率来表示。达标率越高，代表该地区环境规制越严格，反之，该地区环境规制严格程度越低。

由于面板数据具有的两维性，如果模型设定不正确以及由此造成的参数估计方法的不当，将对参数估计结果造成较大的偏差，因此有必要在采用面板数据构建模型时首先对模型的设定形式进行检验。在实证上本章利用霍斯曼 (Hausman, 1978) 的检验方法，确定是选择随机效应还是固定效应模型，若 Hausman 检验值显著则选用固定效应模型，若 Hausman 检验不显著则用随机效应模型，具体结论已在表4-1中列明，分析工具为 Eviews 6.0。

4.1.2 计量结果及分析

1. 环境规制对全国层面技术创新能力影响的分析

---

[1] 2000年的原始数据缺失，本书采用相邻点数据的均数作替代的方法，即用1999年与2001年原始数据的算术平均数填补，以维持数据的连续性。

本章利用中国 1997—2008 年 29 个省市自治区的数据对模型（4.1）、（4.2）进行回归分析，结果如表4-1所示。

表4-1（1.1）的结果表明，环境规制对我国技术创新没有正向的促进作用；科技人员数对专利授权数量影响不明显，科技活动经费对技术创新有显著的促进作用，科技活动经费每增加1%，专利授权总量将增加0.485%；人力资本水平对技术创新水平的提升有显著的促进作用，人力资本水平每增加1%，专利授权总量将增加1.0514%。

为了分析环境规制对我国的技术创新影响是否存在人力资本的“门槛效应”，本章在表4-1（1.2）中选用了人力资本水平（H）和环境规制程度（ER）的乘积，结果发现环境规制程度（ER）前面的系数显著为-1.1615，而 $H \times ER$ 前面的系数显著为0.1428，这充分证明了“门槛效应”的存在，（1.2）中的人力资本门槛值为8.1338（1.1615/0.1428）。也就是说，环境规制程度（ER）不会自动对我国创新能力产生促进作用，只有那些人力资本水平（H）即劳动力平均受教育年限大于8.1338的地区，环境规制严格程度的加强才会促进其技术创新水平的提升。截至2008年年底，我国的宁夏、青海、甘肃、云南、贵州、四川、广西、福建、安徽地区的人力资本水平（H）仍然没能达到这个“门槛”水平。

表4-1　基于面板数据的环境规制对三类技术创新回归分析结果

	专利授权项（Patent）		发明专利授权项（Invention）		实用新型授权项（Utility Model）		外观设计授权项（Design）	
	（1.1）	（1.2）	（1.3）	（1.4）	（1.5）	（1.6）	（1.7）	（1.8）
常数项 C	-2.2838 **	1.9462	-15.6012 ***	0.4480	-2.6131 **	1.1699	-3.4132 **	7.8197 **
	-2.1008	0.9946	-9.4606	0.0809	-2.3549	0.5841	-2.3420	2.1053
ln（STP）	0.1628	0.1464	0.0544	0.0934	0.3921 ***	0.3774 ***	0.0375	-0.0781
	1.6037	1.4535	0.3548	0.4834	3.7848	3.6620	0.2758	-0.6020

续表

	专利授权项 (Patent)		发明专利授权项 (Invention)		实用新型授权项 (Utility Model)		外观设计授权项 (Design)	
	(1.1)	(1.2)	(1.3)	(1.4)	(1.5)	(1.6)	(1.7)	(1.8)
ln (STE)	0.4850 ***	0.4414 ***	0.9905 ***	0.8751 ***	0.3938 ***	0.3547 ***	0.4862 ***	0.4046 ***
	7.9177	7.0099	10.6921	8.3965	6.2971	5.5040	5.9200	5.8414
ln (H)	1.0514 **	-0.8326	3.1547 ***	-4.1128	0.2233	-1.4615	1.6298 **	-2.5530
	2.1488	-0.9522	4.2589	-1.5685	0.4472	-1.6332	2.4847	-1.4490
ln (ER)	-0.2273 **	-1.1615 ***	0.2670	-2.4375 **	-0.1978 *	-1.0333 ***	-0.1704	-2.0080 ***
	-2.0467	-3.0785	1.5917	-2.2239	-1.7450	-2.6758	-1.1444	-2.8133
H * ln (ER)		0.1428 **		0.3453 **		0.1277 **		0.2211 **
		2.5885		2.2272		2.2617		2.1312
门槛值		8.1338		7.0591		8.0909		9.0807
调整后 R^2	0.9640	0.9647	0.9323	0.94303	0.9608	0.9614	0.9487	0.9791
F 统计量	267.4182	264.6859	137.4451	123.4921	244.5637	240.7202	184.689	349.3841
Hausman 检验	P=0.0042	P=0.0001	P=0	P=0	P=0.0188	P=0.0003	P=0.0025	P=0.0002
备注	固定	固定	固定	固定	固定	固定	固定	固定

注：括号中的数字表示 t 值；***、** 和 * 分别代表参数估计值在 1%、5% 和 10% 水平显著；省略了各模型的常数。

为了进一步考量环境规制对三种专利授权项的影响，依次把发明专利授权项、实用新型专利授权项和外观设计专利授权项作为技术创新水平指标，检验结果见表 4-1（1.3）到（1.8）。

将以发明专利授权项为被解释变量的表 4-1（1.3）和（1.4）、以实用新型专利授权项为被解释变量的表 4-1（1.5）和（1.6）以及外观设计专利授权为被解释变量的表 4-1（1.7）和（1.8）与表 4-1（1.1）、（1.2）对比，可以看出：环境规制在（1.1）、（1.3）、（1.5）、（1.7）中的系数都不显著为正。另外从（1.2）、（1.4）、（1.6）、（1.8）可以看出，在四个回归式中的系数都显著为负，分别为 -1.1615、-2.4375、-1.0333、-2.0080，且 $H \times ER$ 在四个回归式中的系数都显著为正，分别为 0.1428、0.3453、0.1277、0.2211。这说明环境规制严格程度对我国不同类型的专利授权项也存在“门槛效应”。

此外，从表 4-1（1.1）到（1.8），地区科技活动人员数 STP 除了

(1.5)、(1.6) 显著为正外，其余的都不显著，(1.8) 还为负，地区科技经费投入STE的系数在8个回归式中全部显著为正，且弹性较大，表明我国技术创新水平的提升在很大程度上取决于科研经费的大量投入，而科研人员的科研效率普遍不高。同时本章发现，虽然与人力资本相结合，环境规制对技术创新有促进作用，但总的来说其影响力有限，远小于科技经费投入对技术创新的推动作用，这表明还需要进一步地挖掘环境规制推动技术创新的潜力。

2. 环境规制对区域层面技术创新能力影响的比较

为了进一步分析环境规制对中国技术创新能力的区域性差异，考虑到无论是经济发展水平、环境规制水平，还是各种类型的专利授权量情况，中国的东、中、西部区域都有较大的差异，为了针对这种差异进行检验，本章将中国各省、市、自治区按照东、中、西部区域划分为三组[1]，利用中国1997—2008年的数据，对环境规制对专利授权量的影响分别用模型 (4.1)、(4.2) 进行回归分析，结果如表4－2所示。

表4－2　基于面板数据的环境规制程度对区域技术创新回归分析结果

	东部区域专利授权项		中部区域专利授权项		西部区域专利授权项	
	(2.1)	(2.2)	(2.3)	(2.4)	(2.5)	(2.6)
常数项C	10.0161 ***	1.8396	－0.3301	40.1427 ***	0.3943 ***	－6.1355 **
	(4.1124)	(0.4312)	(－0.1315)	(46.5954)	(7025.3640)	(－2.1018)
ln (STP)	0.0089	0.0192	0.0091	0.1067 ***	0.1209 ***	0.4634 ***
	(0.0412)	(0.1018)	(0.0390)	(8.1636)	(37519.1100)	(2.9149)

[1] 在中国大陆31个省、直辖市、自治区中，因西藏自治区的数据缺失值太多，从样本中剔除；重庆市于1997年从四川省中分离，成为直辖市，为了保持口径统一，将重庆市的相关数据并入四川省。这样，29个省份划分为东部、中部和西部三大区域，其中东部区域包括北京、天津、河北、辽宁、上海、江苏、浙江、福建、山东、广东和海南；中部区域包括山西、吉林、黑龙江、安徽、江西、河南、湖北、湖南；西部区域包括内蒙古、广西、四川、贵州、云南、陕西、甘肃、青海、宁夏和新疆。

续表

	东部区域专利授权项		中部区域专利授权项		西部区域专利授权项	
	(2.1)	(2.2)	(2.3)	(2.4)	(2.5)	(2.6)
ln (STE)	-0.0641	0.4858 ***	0.4964 ***	0.3315 ***	0.3181 ***	0.4352 ***
	(-0.3722)	(3.5926)	(5.0249)	(26.6159)	(70168.9800)	(4.4850)
ln (H)	1.1551	0.6288	0.6928	-17.8624 ***	0.6939 ***	1.4215
	(1.6261)	(0.2728)	(0.7570)	(-40.8507)	(49753.7900)	(1.0944)
ln (ER)	-0.6481 **	-2.4390 ***	-0.0983	-9.3565 ***	-0.0994 ***	0.5084
	(-2.6078)	(-3.0602)	(-0.3611)	(-45.4799)	(-14527.4200)	(0.7377)
H * ln (ER)		0.2011 *		1.1142 ***		-0.0883
		(1.7905)		(41.4394)		(-0.8480)
调整后 R^2	0.9837	0.9585	0.7467	0.9954	1	0.6216
F 统计量	440.753	185.5554	65.1130	1321.321	1.63E+10	36.8105
Hausman 检验	P=0	P=0	P=0.6931	P=0	P=0.0606	P=0.1827
备注	固定	固定	随机	固定	固定	随机

注：括号中的数字表示 t 值；***、** 和 * 分别代表参数估计值在 1%、5% 和 10% 水平显著；东部、中部、西部样本数分别为 132、96、120 个。

由表 4-2 可见，在样本研究期内，环境规制与技术创新的关系表现出区域差异。在表 4-2（2.1）、（2.3）和（2.5）中，*ER* 的系数分别为 -0.6481、-0.0983 和 -0.0994，这说明环境规制对于我国三个区域的专利授权量都存在着负向的关系。本章在同时包括了环境规制变量以及环境规制与人力资本交叉乘积项之后的（2.2）、（2.4）中发现，环境规制的系数为 -2.4390 和 -9.3565 且显著，环境规制与人力资本的乘积变量的系数为 0.2011 和 1.1142 且显著，这就说明了环境规制对东部和中部各省份专利授权量要发挥积极的影响，必须要与一定的人力资本相结合，即存在着“人力资本门槛”。而在（2.6）中，环境规制的系数虽然为 0.5084，但是不显著，且环境规制与人力资本的连乘变量的系数为 -0.0883 且不显著。因此，本章认为即使与人力资本相结合，环境规制对西部各省市的专利授权量也没有影响。

笔者认为这是由于我国实行分层次推进、逐步扩大开放的对外开放政策造成东、中和西部的区域经济发展的不平衡。在环境规制严格程度方面，东部较高，中部次之，西部最低，东部区域对环保的重视必然带来对相关技术领域创新及人才的重视，也带来了对该领域的政府政策倾斜，激励企业加强对新的环保技术的研发。同时，中国东部区域具备相对于中西部区域而言更雄厚的经济基础，产业更为密集，竞争激烈，这也激励东部区域的企业不断创新。此外，东部区域有良好的人才发展环境和福利待遇，吸引大量优秀人才的流入，提高了东部的人力资本水平，为技术创新提供了人力资本保障。因此，东部区域具备有利于企业进行技术创新的一系列优越条件。中部区域虽然在中部崛起、建设两型社会的政府政策倾斜下，逐步严格的环境规制对技术创新已经有了一定的起色，但仍然受硬件条件的制约，还处于起步阶段。西部区域对创新起着重要作用的要素，如基础设施、资本投入、人力资本和技术水平等都比较薄弱，不仅对先进技术的吸收能力有限，创新能力也不够，很难获得环境规制的技术促进作用。

4.1.3　结论及建议

1. 研究结论

笔者利用 29 个省、市、自治区 1997—2008 年面板数据研究了环境规制对中国技术创新的影响，实证结果表明：环境规制推动我国技术创新一定的条件，即当人力资本水平较高时，具有显著的促进作用，反之，则没有促进作用；在环境规制对技术创新影响的区域差异方面，对西部区域的技术创新没有影响，而在东部和中部区域，环境规制要发挥其促进作用，同样需要一定的条件，即当人力资本水平较高时，具有显著的技术创新促进作用，反之，则不明显。这意味着环境规制不会自动地对技术创新产生促进作用，只有那些人力资本水平高的地区，环境规制的加强才会促进其技术创新水平的提升，这也说明单独的环境规制政策不足以有效地推动技术创新，还需要政府制定一系列配套政策与之相协调。

2. 政策建议

针对以上结论，提出以下政策建议：

（1）加大教育投入力度、提高人力资本水平。实证研究证实，要使环境规制对我国技术创新产生促进作用，必须跨越一定的“人力资本门槛”。为此，应加大中西部区域的教育投入力度、努力提高人力资本水平。实际上，从更广义的角度来说，这个“门槛”不仅仅局限于人力资本，基础设施、制度环境、经济发展水平等都存在着制约环境规制对各区域技术创新发挥积极作用的“门槛”。因此政府必须全面提升其政策环境，使其达到“门槛”之上，以利于环境规制对我国技术创新的促进作用。

（2）适当提高环境规制标准，广泛运用以市场为基础的环境规制政策工具。在适当提高环境规制标准的同时，对于环境规制工具的选择，应广泛运用以市场为基础的环境规制工具，如排污税、可交易污染许可证制度等，因为以市场为基础的环境规制政策工具对技术创新有较大地促进作用，只有运用这些环境规制工具才能较大程度上激励技术创新。为此，政府应当积极推进以市场为基础的环境规制政策工具的改革实践，达到污染控制及激励技术创新的“双赢”目标。

（3）实施差异化的区域技术创新政策，促进经济与环境协调发展。东部区域应继续提高环境规制程度，加强国际环保技术交流，加快产业结构升级，利用国际产业转移的机遇，积极发展高新技术产业和服务业。中西部要将改善经济发展基础作为重点。中部区域要抓住“中部崛起”和“两型社会”建设过程中政府的优待政策，利用相对于西部更好的交通等基础设施和人力资本条件，加快产业结构调整，提高第二产业特别是工业的技术改造和产品更新换代，并加强环境规制程度，加速技术创新。西部区域要根据自身落后的状况改善投资环境，加大基础教育及科技投入，引进先进管理经验，以各种形式吸引人才，为经济发展和技术创新创造良好的条件。同时，西部要考虑环境承载能力，严格控制高能耗、高污染的落后产业向本区域转移，促进经济与环境的协调发展。

此外，政府要在强化环境规制、增加科技投入的同时，借助价格、税收、补贴等手段，促使企业及相关机构重视环保技术的开发与利用，真正达到政府环境规制的目的。

4.2　环境规制对技术创新的影响——基于中国 20 个污染密集型行业的面板数据分析❶

4.2.1　模型的建立及变量说明

1. 模型的建立及变量说明

杰夫和帕默（Jaffe & Palmer，1997）、哈默拓（Hamamoto，2006）分别以美国、日本行业为观察样本，分析了行业层面的环境规制对技术创新的影响，国内学者对此研究不多，文献较少。行业层面技术创新受到许多复杂因素的影响，如行业规模、科研投入等，因此，选取变量指标、设计模型和估计方法是研究环境规制对行业技术创新效应的关键。笔者以杰夫－帕默（Jaffe-Palmer，1997）模型为基础，结合中国实际情况建立行业的环境规制水平对技术创新的影响模型。杰夫－帕默的计量模型为：

$$rd_{it} = c + b_1 oc_{it} + b_2 va_{it} + b_3 gst_{it} + \varepsilon_{it} \tag{4.3}$$

其中，*rd* 为行业创新变量，是模型的被解释变量，*oc* 为环境规制

❶ 本书的第 4 章第 2 节的部分内容作为博士后研究的阶段性成果已经在《工业技术经济》杂志 2011 年第 6 期中发表，139 至 146 页。

的变量，为模型的解释变量。模型控制的因素有行业规模、创新投入，分别用 va、gst 表示。i、t 分别表示某个行业和年；b_0 为常数项，b_1、b_2、b_3 为回归系数值；ε_{it}为随机误差项。

笔者参考石昶（2012）的研究模型，并结合中国实际情况建立行业的环境规制程度对技术创新的影响模型为：

$$\ln IY_{it} = b_0 + b_1\, IER_{it} + b_2\, IG_{it} + b_3\, ISTE_{it} + \varepsilon_{it} \tag{4.4}$$

模型中，IY 是被解释变量，为各污染密集型工业行业中专利申请数量[1]；解释变量 IER、IG、$ISTE$ 分别表示行业环境规制程度、行业总产值、行业科技活动经费内部支出，其中行业环境规制程度是本章重点考查的变量。$i=1, 2, 3, \cdots, 20$，表示污染密集型工业各个行业；$t=2001, 2002, \cdots, 2010$，表示年；$b_0$ 为常数项，b_1、b_2、b_3 为回归系数值；ε_{it}为随机误差项。采用固定效应的面板数据模型考察环境规制对技术创新的影响。

2. 样本选择及数据描述

环境敏感行业（Environmental-sensitive Industries，简称 ESIs）也称污染密集行业（Pollution Intensive Industries，简称 PIIs），这类行业在生产过程中会直接或间接产生大量污染物，其主要特征是：生产工艺复杂，会影响工人的健康，需采取防护措施；生产过程中对自然环境及动植物的危害较大，污染排放物较多；节能减排难度大，技术含量高，相关设备投资大，要建立一个完善的污染防治系统；政府要通过相关法律法规来强化监管。国内外学者界定了污染密集型行业的定义。

国外对污染密集型行业的定义有：托比（Tobey，1990）计算了美国行业的相关成本，将污染减排成本大于或等于总成本的 1.85% 的行

[1] 在杰夫和帕默（Jaffe & Palmer，1997），哈默拓（Hamamoto，2006）的研究中，仅利用研究与试验发展经费这一指标代表技术创新，本文借鉴赵红（2007）选用的专利申请数量作为技术创新变量。

业定义为污染密集型行业。格罗斯曼和克鲁格（Grossman and Krueger, 1993）以美国行业为研究对象，将污染减排成本占增加值的比重超过一定数值的行业定义为污染密集型行业。摩尼和惠勒（Mani and wheeler, 1998）计算出行业单位产出的空气、水和固体废物的综合污染排放数据，以此来划分污染密集型行业。斯马西克和沃尔（Smarzynska and Wei, 2006）计算出行业的各类污染物的综合污染排放水平，据此来划分重污染行业、中等污染行业和轻度污染行业三类。

国内对污染密集型行业的定义有：借鉴摩尼和惠勒（Mani and wheeler, 1998）的计算方法，赵细康（2003）将中国各工业行业1991—1999 年 10 年间的单位产值的废气、废水、固体废物排放值进行等权加和平均，得出污染排放强度系数，依据该系数将工业行业划分为重污染密集型行业、中度污染密集型行业和轻度污染密集型行业。夏友富（1999）依据国家法规及行业对环境的实际影响来划分污染密集型行业，共 22 个。王寿兵（2008）利用我国工业行业 2005—2010 年 5 年间的污染排放数据，计算出各行业的综合污染度指数，并进行排名。

表 4－3　污染密集型行业分类

污染程度	行　业	污染程度	行　业
重污染行业	煤炭开采和洗选业	中等污染行业	农副食品加工业
	石油和天然气开采业		医药制造业
	黑色金属矿采选业		化学纤维制造业
	有色金属矿采选业		有色金属冶炼及压延加工业
	非金属矿采选业		金属制品业
	造纸及纸制品业	轻度污染行业	石油炼焦及核燃料加工
	化学原料及化学制品业		橡胶制品业
	非金属矿物制造业		塑料制品业
	黑色金属冶炼及延压加工业		纺织业
	电力热力的生产和供应业		皮革毛皮羽绒及其制品业

资料来源：根据作者的分类整理得到。

中国污染密集型行业的分类，本书采用江珂（2010）的分类，如表 4－3 所示，将中国污染密集型行业定义为 20 个大类行业，其中，轻度污染行业共五个，包括塑料制品业、石油炼焦及核燃料加工、纺织业、皮革毛皮羽绒及其制品业、橡胶制品业，这些行业主要是加工业，中间产品投入多，原材料投入相对较少，相对而言废弃物排放也就较少；中等污染行业共五个，这些行业主要是加工业，包括医药制造业、农副食品加工业、金属制品业、有色金属冶炼及压延加工业、化学纤维制造业，这些行业中间产品投入较多，必然也向环境排放一定量的废弃物；重污染行业共 10 个，包括煤炭开采和洗选业、造纸及纸制品业、石油和天然气开采业、有色金属矿采选业、黑色金属冶炼及延压加工业、非金属矿物制造业、非金属矿采选业、化学原料及化学制品业、黑色金属矿采选业、电力热力的生产和供应业，这些行业主要是原材料加工业和能源行业，资源和原材料的投入较大，在生产的过程中产生大量的废弃物。

模型（4.4）选取的各变量如下所述。

（1）技术创新变量（IY）：对于该变量的度量，专利数量是技术创新水平的重要衡量指标，可以从一个侧面反映技术创新能力和水平，如赵红（2007）和李平、慕秀如（2013）均选用行业专利申请数量度量技术创新，研究环境规制对技术创新的影响。笔者根据 2002—2011 年的《中国科技统计年鉴》中公布的样本行业大中型工业企业专利申请数量作为数据，并以此作为被解释变量，研究中国行业技术创新的决定因素。

（2）行业环境规制程度（IER）：这是本章关注的核心变量，对于行业环境规制程度的度量，赵红（2007）用行业的废水和废气污染治理设施的运行费用之和作为行业污染治理成本来度量行业环境规制水平；梁冬寒等（2009）和刘志忠（2009）分别采用二氧化硫减除量占产生量的比重和污水排放达标率来表示行业的环境规制水平。本章根据数据的代表性、连续性和可得性，借鉴刘志忠的方法来度量环境规制程度，环境规制程度越高，污水排放达标率越高，环境规制程度越低，污水排放达标率就越低。

（3）行业规模（IG）：借鉴杰夫－帕默模型的变量设置，选择行业规模作为控制变量。本文采用大中型工业企业污染密集型行业的工业总产值（IG）表示行业的市场规模，并用“各行业的工业品出厂价格指数”将当年价格的工业总产值折算成以 2001 年为基期的不变价格的工业总产值。

（4）行业科技活动经费内部支出（ISTE）：经费投入是进行科技活动、提高研发水平的基础，杰夫和帕默（Jaffe & Palmer，1997）在研究模型中选择了政府创新支出变量来度量创新投入；本文借鉴石昶（2012）的方法，用大中型工业企业“行业科技活动经费内部支出总额”表示创新投入，并借鉴黄佐钘（2010）的方法，用“固定资产投资价格指数”将当年价格的行业科技活动经费内部支出折算成以 2001 年为基期的不变价格的科技活动经费内部支出。“固定资产投资价格指数”来自《中国统计年鉴》。

关于污染密集型工业行业名称的归类，不同年份行业名称及统计范围都有所变动，为了统一数据的统计口径，本书以 2001 年国家环保总局公布的污染物排放数据的行业名称归类为标准，将其余年份各项变量的数据与其相匹配。行业专利申请数量及以“科技活动经费内部支出总额”代表创新投入的面板数据集覆盖了 2001—2010 年的数据，这些是按照“大中型工业企业”统计口径进行，行业规模也选取这一统计口径搜集 2001—2010 年的数据，其中，由于 2004 年行业工业总产值数据缺失，用（2003＋2005）/2 填补当年的数据。本文使用的中国污染密集型行业 2001—2010 年的数据均来自于《中国统计年鉴》（2002—2011），《中国科技统计年鉴》（2002—2011），《中国工业经济统计年鉴》（2002—2011）和《中国环境年鉴》（2002—2011）。

3. 模型中相关变量的统计性描述

模型（4.4）中相关变量的统计性描述如表4－4所示。

表4－4　样本的描述性统计

	IY	IER	IG	ISTE
均值	1114.6	92.0	4584.7	519618.2
中间值	460.0	93.2	2978.6	314939.0
最大值	6388.0	99.8	29007.6	5103811.0
最小值	3.0	72.8	62.0	3895.0
标准差	1473.1	5.1	5215.7	707840.4

资料来源：面板数据包括20个污染密集型行业10年内的时间序列数据，样本数共200个；该样本的描述性统计是运用相应年份的统计年鉴，如依据《中国统计年鉴》(2002—2011)，《中国环境年鉴》(2002—2011)，《中国科技统计年鉴》(2002—2011)，《中国工业经济统计年鉴》(2002—2011）的原始数据经整理、运算得出。

4.2.2　计量结果及分析

以各个污染密集行业的专利授权数量为被解释变量，运用 Eviews 6.0 软件，对我国20个污染密集型工业行业组成的面板数据进行拟合，得到表4－5所示的根据模型（4.4）的拟合结果。

表4－5　基于面板数据的环境规制对不同污染类型行业技术创新回归分析结果

	重污染行业专利申请数量	中等污染行业专利申请数量	轻度污染行业专利申请数量
	(3.1)	(3.2)	(3.3)
常数项 C	−20.2085***	−15.8368*	4.8855
	(−2.8809)	(−2.3128)	(0.4584)
ln（IER）	3.3805*	2.1346	−2.0244
	(2.1563)	(1.5571)	(−0.8088)
ln（IG）	0.6844***	0.3328	−0.0161
	(6.1745)	(1.0820)	(−0.0818)
ln（ISTE）	0.4262***	0.7980***	0.8646***
	(4.4799)	(4.4939)	(4.6762)
调整后 R^2	0.8657	0.7971	0.6309
F统计量	211.6013	17.0453	7.9781
备注	随机	随机	固定

注：括号中的数字表示t值；***、**和*分别代表参数估计值在1%、5%和10%水平显著；重污染行业、中等污染行业、轻度污染行业样本数分别为100、50、50个。

环境规制对行业技术创新的影响由表4－5回归结果可以看出，(3.1）表明环境规制程度在重污染行业中通过了显著性水平检验，且弹性系数为正，而（3.2）和（3.3）表明中等及轻度污染行业没有通过显著性检验。在重污染行业中环境规制与技术创新呈正相关，系数为3.3805，环境规制程度每增加1%，专利申请总量将增加3.3805%，这说明严格的环境规制程度的提高能够显著促进重污染行业企业的技术创新。但环境规制程度在中度及轻度污染行业中没有通过显著性水平检验，说明环境规制对中度、轻度污染行业技术创新影响作用不显著。

根据实证结论，环境规制对不同污染行业技术创新的影响有着显著的差异，这主要是由于环境规制对不同污染行业的成本影响有显著差异，对于重污染行业，减污的环境成本占总成本的比重最高。面对越来越严格的环境规制政策，环境成本随之增加，若不通过技术创新的方式来降低成本将难以生存，因此，技术创新成为重污染行业的必然选择；对于轻度及中度污染行业，环境规制对企业成本的影响小于重污染行业，环境成本占总成本的比重较低，严格的环境规制所导致的成本的上升对企业的总成本影响不大，创新动力不如重污染行业，因此，企业的创新动力不足。

在三类污染行业中，表4－5中（3.1)、(3.2)、(3.3）表明行业科技活动经费内部支出的系数在模型中均显示为正，系数分别为0.4262、0.7980、0.8646，这说明科技活动经费每增加1%，专利申请总量将分别增加0.4262%、0.7980%、0.8646%；该结果表明行业科技活动经费内部支出投入越大，对技术创新的推动力越大，特别是对轻度污染行业技术创新的推动力最大，资金投入是轻度污染行业的技术创新的主要推动力，环境规制的推动力没有充分发挥，这也说明了我国行业的技术创新现状主要是由高的资金投入产生的。在回归结果（3.1）中，重污染行业的行业规模变量的系数显著为正，这说明在重污染行业中，随着行业规模越大，就越有利于技术创新活动的开展，这与行业的规模经济及行业内的技术扩散有一定的关系。

4.2.3 结论及建议

工业部门是中国经济的支柱，但能源消耗量与污染排放量很大，成为节能减排政策实施的首要对象。如果环境规制不能引致足够的创新将给中国工业经济的可持续发展带来巨大挑战，特别是中国目前已进入以重化工业快速发展为特征的工业化中期阶段，工业增长对能耗和排放密集型的重化工业的需求很大，节能减排将给工业经济带来巨大的压力。如果这种压力不能转化为对环境友好技术以及其他技术的创新激励作用，那么，中国经济的节能减排的成本将非常高昂，不利于整个经济的可持续发展。

对于不同污染程度的行业，环境规制对技术创新的效应具有较大差异。在重污染行业，环境规制对创新有显著促进作用；在轻度污染行业，环境规制反而会挤占企业的生产资本，对技术创新没有促进作用；在中等污染行业，由于创新动力不足，环境规制对技术创新的影响不明显。针对这一结论，政府应对不同污染程度的行业制定不同的环境规制政策工具，并制定有针对性的鼓励创新的各类政策。

第一，要充分保障创新给创新产业带来的应有收益。环境规制对引致创新的差异，从量的关系，主要是由于环境规制所引致的污染总成本的差异，从而使经济主体的创新积极性及创新实际投入产生差异，因此，政府要通过制定配套的金融、税收、产业政策保护创新产业的积极性，保障创新者的应得利益，这对于发挥环境规制引致创新作用是非常重要的。

第二，政府应引导创新动力不足的行业进行技术创新。对于创新动力不足的行业，环境规制甚至在一定程度上挤占了创新资源或生产资源，降低了企业自主创新投入或生产投入，这也说明需要对环境规制政策和技术政策进行协调，强调技术政策对环境规制政策的补充，实现环境规制政策的执行力度、类别与技术政策的互补。

第三，被规制产业应主动实行环境战略，采取积极举措进行应对。环境规制对产业的影响，一方面取决于环境规制政策的设计，另一方面也取决于产业应对环境规制的方式和能力。被规制产业应当认识到，环境规制虽然会给产业带来额外的环境成本，但同时也有助于提高产业经济绩效而获得竞争优势，在严格的环境规制政策下，被规制企业应积极进行技术创新，降低因环境规制而带来的污染治理成本，充分发挥技术创新的补偿作用，通过积极发展生态工业和循环经济，减少甚至消除环境规制给产业带来的环境成本的增加，实现环境保护和产业经济绩效的双赢。

简短小结

本章以第二章的理论为基础，对我国环境规制对技术创新的影响进行了实证研究，分别以地区和行业数据为样本做实证检验，并提出相应的对策建议。

第一部分运用地区面板数据实证分析环境规制的技术创新效应，结果表明：环境规制对技术创新的影响存在着地区差异。针对这一现象，笔者认为应加大教育投入力度、提高人力资本水平；设计不同的环境规制标准，广泛运用以市场为基础的环境规制政策工具；实施差异化的区域技术创新政策，促进经济与环境协调发展。

第二部分运用行业面板数据对不同污染密集型行业环境规制的技术创新效应进行了实证分析。结果表明：环境规制对技术创新的影响存在着行业差异，严格的环境规制程度的提高能够显著促进重污染行业企业的技术创新，但环境规制对中度、轻度污染行业的技术创新影响作用不显著。因此，笔者认为，要充分保障环境规制给创新产业带来的应有收益，政府应引导创新动力不足的行业进行技术创新，同时，被规制产业应主动实行环境战略，采取积极措施应对环境规制。

第5章　不同环境规制政策工具对技术创新的影响差异

5.1 “命令—控制”型与基于市场的环境规制工具的比较

1. 静态效率的影响

企业减排需要支付一定的成本，如何实现减排成本的最小化是企业最关心的问题，因此，需要通过“成本—收益”分析，选择最有效率的环境规制政策工具，以最低的成本实现相应的减排目标。“命令—控制”型环境规制采用基于技术和绩效的标准，称为技术标准和绩效标准。技术标准对企业减污指定特定的技术，有时甚至是特定的设备；绩效标准对企业减污设定目标，至于企业通过何种技术或方法达到该目标，没有特别的规定。为了更直接地分析问题，对于“命令—控制”型环境规制与基于市场的环境规制的比较，只针对代表性的技术规制与可交易许可证或排污费在排污成本之间的差异进行比较。

如图5－1所示，假定市场上有两个企业，企业1和企业2，分别具有不同的减污边际成本曲线，分别用图中的 MC_1 和 MC_2 两条边际成本曲线表示，企业1和企业2的边际总成本用图中的 MC 边际成本曲线表示，直线 T 为政府征收的税率，同时也是全社会减污的影子成本；企业

1 和企业 2 的污染排放量可以在两个企业间自由交易，对市场上总的污染量没有影响。

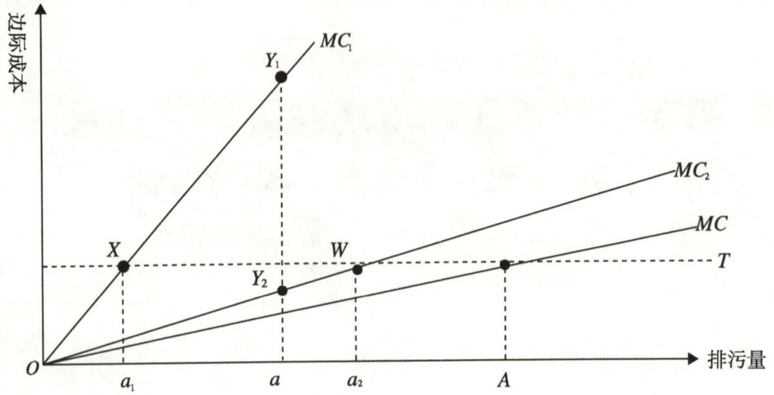

图 5－1　环境政策工具的效率

资料来源：金碚等. 资源与增长［M］. 北京：经济管理出版社，2009.

政府征收的税率 T 直线和企业减污的边际成本的交点决定了最佳的减污量，在图 5－1 中，由曲线 T 和 MC 的交点决定了全社会最佳排污量位于 A 点，有两种环境规制工具可以达到 A 点的排污量：一种方式是采用“命令—控制”型环境规制工具，如技术规制，这种方式是在两个企业中平均分配排污量 A，企业 1 和企业 2 的排污量均为 $a =(A/2)$，全社会支付的排污成本是面积 $OaY_1 + OaY_2$；另一种方式是采用基于市场的环境规制政策工具的方式，企业 1 和企业 2 均按照其最佳减污量来进行排放，即政府征收的税率 T 与企业 1、企业 2 边际成本的交点所对应的排放量，得到第一个企业排污量为 a_1，第二个企业排污量为 a_2，且 $a_1 + a_2 = 2a = A$，达到同样的排污量 A，全社会所支付的排污成本是面积 $Oa_1X + Oa_2W$。从图 5－1 中，我们可以直观地发现，对于同样的排污量 A，第二种方式所支付的社会成本要小于第一种方式所支付的社会成本，特别是当企业 1 与企业 2 的边际减污成本差异较大时，第二种方式，即基于市场的环境规制政策工具比“命令—控制”型环境规制政策工具的减污成本明显降低。

下面，我们将通过公式推导比较“命令—控制”型环境规制的企业排污总成本与基于市场环境规制的企业排污总成本，并分析什么条件下，两个总成本的差值较大。

（1）在“命令—控制”型环境规制情况下，企业的排污量相等：

$a = a_1 = a_2$令企业1的边际成本为1，企业2的边际成本为h，$0 \leqslant h \leqslant 1$，代表成本异质性指数，$h$越小，代表企业1与企业2的减污成本差别越大。

企业1的成本为：$C_1 = a_1/2 = a/2$

企业2的成本为：$C_2 = a_2 h/2 = ah/2$

总成本为$C = C_1 + C_2 = a/2 + ah/2 = a(1+h)/2$

（2）在基于市场环境规制情况下，企业按照其边际减排成本来进行减排：

$T = MC = MC_1 = MC_2$

$a_1 = ha_2$

$a_1 + a_2 = 2a$

解方程，得：

企业1减污量$a_1 = 2ha/(1+h)$

企业2减污量$a_2 = 2a/(1+h)$

解方程求T值大小：$(h+T)(a_2 - a)/2 = a_2 \cdot T/2 - a \cdot h/2$

得出：$T = ha_2/a = (2a/(1+h)) \cdot (h/a) = 2h/(1+h)$

因为

企业成本1：$C'_1 = a_1 \cdot T/2 = 2ah^2/(1+h)^2$

企业成本2：$C'_2 = a_2 \cdot T/2 = 2ah/(1+h)^2$

成本之和为：$C' = C'_1 + C'_2 = 2ah/(1+h)$

比较当企业的排污量相等时的总成本与当企业按照其边际减排成本

来进行减排时的成本：

$$C:C' = (a(1+h)/2):(2ah/(1+h)) = (1+h)^2/4h$$

因为$0 \leqslant h \leqslant 1$，$h$越小，$(1+h)^2/4h$越大，代表企业1与企业2的减污成本差别越大，总成本C与总成本C'的差别越大，即企业按照其边际减排成本带来的成本节约越明显。

总之，如果两个企业的边际成本相同，则两种方式的社会总成本是一样的，因为边际成本均等化将不带来任何成本节约。减污成本差别不大时，节约的成本也很少。即使企业的减污成本相差50%时，成本异质性指数为0.5，与要求减污量相同的情况相比，市场化工具带来的潜在成本节约大约为11%。但是，当减污成本的差别越大时，节约的成本就会越明显；当企业的减污成本相差99%时，成本异质性指数为0.01，与要求减污量相同的情况相比，市场化工具带来的潜在成本节约大约为96%；表5－1计算出了为完成相同的减污量，不同的减污成本差别情况下，采用市场化的工具所带来的成本节约比例，计算结果与理论预期相一致。虽然理论结果是在理想的前提假设下得到的，如减污目标固定、企业均具有线性的边际减污成本等，但该结果的变化规律较直观地解释了“命令—控制”型环境规制与市场化环境规制工具所导致的减污成本差异，以及成本差异与成本节约之间的趋势关系。

表5－1　成本异质性和效率带来的成本节约

成本异质性指数h	排污总成本		市场化工具产生的成本节约（%）
	“命令—控制”型环境规制C	基于市场型环境规制C'	
1	a	a	0
0.8	0.90a	0.8889a	1.233
0.5	0.750a	0.6670a	11.067
0.1	0.550a	0.1818a	66.945
0.05	0.5250a	0.0950a	81.905
0.01	0.5050a	0.0198a	96.079
0.001	0.5005a	0.0020a	99.60

注：表中列出了不同成本异质性指数时的成本节约情况。

资料来源：托马斯·环境与自然资源管理的政策工具［M］．上海：上海人民出版社，2005：表12.1.

2. 动态效率

判断环境规制政策工具的效率，考虑静态效率的同时还要求考虑其是否具有较好的动态效率，即是否能够促进技术创新。按照传统的观点，实施严格的环境规制，通常会增加企业的生产成本，但如果企业为了适应严格的环境规制，进行技术创新，提高企业的生产效率，还可以产生“创新补偿”。哈佛管理学院的波特教授把这一现象称为“波特假说”，该假说认为：有效率的环境规制政策，一方面，可以降低污染治理费用及污染收费、罚款和不良社会形象等损失；另一方面，技术创新可以提高生产效率，降低生产的总成本，部分或全部弥补了环境成本增加的损失，即“创新补偿”，使受规制企业获得环境效益和经济效益的“双重红利”，有利于提升企业竞争力。“波特假说”的基本逻辑是：首先，更清洁的技术可以不断地升级，这将有利于企业提高效率，降低成本；其次，随着环境规制程度的提高，企业会努力提高生产力，为竞争力的提高打下基础。虽然对于“波特假说”是否成立，学者们还没有达成一致见解，但是，人们一致意识到恰当设计的环境规制有利于刺激企业进行技术创新，这是“波特假说”成立的一个必要条件。

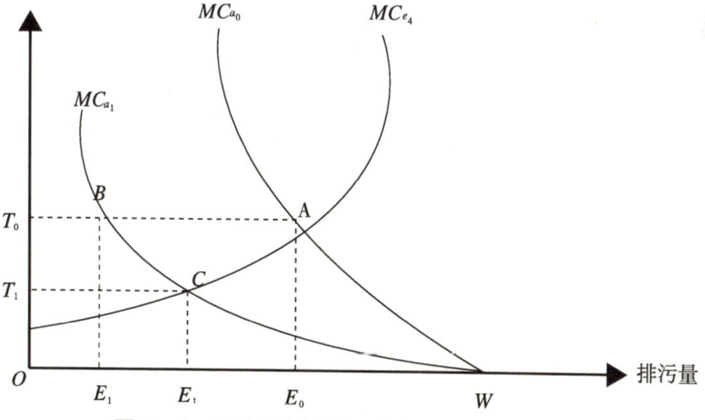

图 5－2　环境规制政策工具与技术进步的激励

注：*MCa* 为减污边际成本（在 *t* 时或 0 时）；*MCe* 为由排污引起的边际损害，*T*

为最优税收（在 t 时或 0 时）；E 为最优排污量（在 t 时或 0 时）；E_1 为技术创新后，且税收为 T_0 时对应的排污量。

资料来源：金碚，等. 资源与增长［M］. 北京：经济管理出版社，2009.

图 5－2 直观地表示了当环境规制政策推动技术创新时给企业带来成本的节约，在最初状态下，由曲线 MCe_4 代表的边际损害成本曲线与由 MCa_0 所代表的边际减排成本的交点所对应的最优排污量为 E_0，此时对应的最优排污税为 T_0；如果将“命令—控制”型环境规制政策工具如技术规制排污量限定在 E_0 位置上，技术规制与基于市场的排污税政策是无差异的，但是，技术规制不会改变边际减污成本曲线 MCa_0 的位置，企业一旦掌握能够达到要求水平的减污技术，就会保持在该减污水平上，技术规制就失去进一步的激励作用；而排污税能够激励企业进行技术创新，将使边际减污成本曲线由 MCa_0 下移至 MCa_1 的位置，最优排污量也由 E_0 减少为 E_t，减污成本由图 5－2 所示的面积 $OWAT_0$ 减少为面积 $OWCBT_0$，即基于市场环境规制使企业获得面积 ABW 的成本节约。

由以上理论分析得知，基于市场型环境规制政策工具在静态和动态效率方面均优于“命令—控制”型环境规制政策工具，能使减污成本明显下降，因此，从理论上讲，在相关条件成熟的情况下，采用基于市场环境规制政策工具进行污染控制成为政策制定者的首选。

5.2 “命令—控制”型环境规制工具的内部比较

“命令—控制”型环境规制政策的重要工具之一是环境标准，它又分为污染排放和环境质量，污染排放标准是对污染物的排放总量进行控制，将污染物的排放限制在某一规定数量以下；环境质量标准是污染物浓度控制，将单位产出排放的污染物限制在某一规定浓度以下。笔者通过建立数理模型比较污染排放标准和环境质量标准对企业环境技术创新的影响效果。

假设企业所处的市场为完全竞争市场，令企业的产出为固定值 q，产品价格为 P，生产成本为0，利润为 π，污染排放量为 e，污染削减量为 a，企业使用的环境技术为 K，企业效用为 U。

污染削减成本为 $C(a)$，且边际成本递增 $C' > 0, C'' > 0$

环境技术对削减成本的技术效应为 k，$k = f(K)$，$0 \leqslant k \leqslant 1$，且在无环境技术创新的状态下 $k = 1$，存在环境技术创新时的污染削减成本变为 $k \cdot C(a)$

污染排放量与产出呈1∶1的线性关系，$e = q - a$

企业的总效用为：$U = \pi(k)$，U 随着企业选择不同的技术 K 而发生变化

假设1：在污染排放标准的政策下，政府对污染物排放量的限制为 e，企业的污染削减量 $a = q - e$

$MAX\ U^A = P_A \cdot q - k \cdot C(q - e)$

对其求导，令等式等于0

则：$P_A - k \cdot C'(q - e) = 0$

$P_A = k \cdot C'(q - e)$

假设2：在环境质量标准的政策下，政府对污染物排放浓度的限制为 h，$e = q \cdot h$

$a = q - e = (1 - h)q$

$MAX\ U^B = P_B \cdot q - k \cdot C[(1 - h)q]$

对其求导，令等式等于0

则：$P_B - (1 - h) \cdot k \cdot C'[(1 - h) \cdot q] = 0$

$P_B = (1 - h) \cdot k \cdot C'[(1 - h) \cdot q]$

在完全竞争的条件下，产品价格为一固定值，则 $P_A = P_B$

$P = k \cdot C'(q - e) = (1 - h) \cdot k \cdot C'[(1 - h) \cdot q]$

条件1：在两种环境规制政策下，政府没有限制企业所使用的技术

创新的类型，企业分别采用的技术创新为 k_1 和 k_2，按这两种环境规制政策下的极限进行排放，则

$$a = q - e = (1 - h)q , 0 \leqslant h \leqslant 1$$

只有在 $k_1 < k_2$ 的条件下，等式 $k_1 \cdot C'(q - e) = (1 - h) \cdot k_2 \cdot C'[(1 - h) \cdot q]$ 才成立，由于 $0 \leqslant k \leqslant 1$，且在初始状态下 $k = 1$，k 偏离 1 的程度越大，说明企业通过环境技术创新所获得的利润越高，因此，排放标准环境政策对减排及创新具有更大地激励效用。

条件 2：若仅采用指定的环境技术创新 k^*，$k_1 = k_2 = k^*$，要使等式 $k_1 \cdot C'(q - e_1) = (1 - h) \cdot k_2 \cdot C'[(1 - h) \cdot q]$ 成立，因 $0 \leqslant h \leqslant 1$，则 $C'(q - e_1) < C'[(1 - h) \cdot q]$ 因为 $C'' > 0$，则，$q - e_1 < (1 - h) \cdot q$，$q - e_1 < q - e_2$，$e_1 > e_2$，则在同样的 k^* 下，排放标准比质量标准的污染排放量更大。

5.3 政策启示

5.3.1 对“命令—控制”型与基于市场的规制工具选择的思考

判断环境政策的最重要的单一标准是政策工具推动有利于环境的技术创新的程度（克尼斯和舒尔茨，1975），这也是影响企业国际竞争力的重要因素之一，当政府实施不同的环境规制政策工具，会促使企业采取不同的环境策略，从而选择不同的环境技术创新。

第一，对“命令—控制”型环境规制，企业通常实施消极的环境策略，创新激励不足，直接服从使用政府指定设备和减污技术，或者仅仅投资末端处理技术。所谓末端处理技术，是指在污染已经形成之后再消除污染，但在排入生态系统之前，这样的技术不能额外产生增值价值，仅仅只是耗费了企业的资金，降低投资收益，而且末端处理技术的技术含量低，容易模仿，不利于企业形成持续的竞争力。

第二，在基于市场环境规制政策的作用下，企业优先选择投资于较优的环境技术以达到政府的规制要求，此类规制产生了较强的技术创新激励，这类技术被称为清洁生产技术。比如自愿环境协议，政府对实施企业给予一些优惠政策，企业也会被激励进行环境技术创新，以实现最优环保效果，使环境规制的技术创新激励效应最大化。

由此可见，环境规制是否有利于清洁生产技术的发展是衡量环境规制的一个重要标准，国内外机构和学者均对清洁生产技术的概念进行了界定；如联合国环境规划署 1989 年对清洁生产的定义是：为了减少对环境和人类生存的威胁，在生产过程和产品中采用综合的环境策略。钱易院士依据《21 世纪议程》将清洁生产归纳为三个方面的内容：第一，清洁的产品。节约能源和原料，尽量利用二次资源做原料，不用或少用稀缺、昂贵和不可再生的原料；产品具有节能、节水、降噪的功能并具有合理的使用寿命；产品在使用过程中不会对生态环境和人体健康产生不利的影响；产品的包装具有合理的环保性，包装最好可重复使用、回收和再生；产品报废后不会对环境产生不利影响，且易于降解等。第二，清洁的生产过程。少用、最好不用有毒有害的原料及中间产品；避免在生产过程中出现危险因素，如高温高压、易燃易爆、强噪声、强振动等；采用高效节能减排的设备；完善管理等。第三，清洁能源的使用。如新能源的开发，常规能源的节约利用，可再生能源的循环使用，节能技术的运用等。总之，清洁生产技术与末端处理技术的不同之处是，清洁生产技术在污染形成之前消除污染，目的是杜绝污染产生；而末端处理技术是在污染形成之后减少污染，目的是处理生产过程中造成的污染。

技术创新的程度是决定国际竞争力的一个关键因素，不同的环境规制工具对企业效应不同，其所采取的环境技术创新策略也不同。“命令—控制”型环境规制政策工具所激励的末端处理技术只是在污染形成之后减少污染，这种技术无增值产出，只会造成企业成本增加，影响这些企业的竞争力；当基于市场环境规制政策工具激励企业采取清洁生产技术时，在污染产生之前就采用了杜绝污染产生的技术，从动态的角度来看，越是严格的环境规制将促使企业通过技术创新更早采用清洁生产技术，建立起较强的竞争优势，与那些来自宽松环境规制国家的企业相比，较早采取清洁生产技术的企业在未来的竞争中将拥有先发优势。

总之，“命令—控制”型环境规制对技术创新的促进作用及长期动态竞争力的提升不及基于市场的环境规制，基于市场的环境规制应成为各地政府制定环境规制的首选，但同时也应考虑到具体的经济及技术条件。显然，清洁生产技术创新对资金和技术的要求比末端处理技术高，因此在实施环境规制政策的过程中，各地政府要根据自身的经济及技术条件是否足以支撑清洁技术创新来权衡对环境规制政策的制定，否则，即使实施基于市场的环境规制政策工具，也会因为硬件条件不足，无法推动技术创新，还会给企业增加成本负担。在实际调查研究中，董敏杰等（2010）发现，我国经济发达地区（如东部沿海地区）的企业比其他地区的企业对经济激励政策的支持比例较高，而经济发展水平较低的中西部地区的企业则更支持“命令—控制”型环境规制政策，这一现象与理论分析相一致。中国“二元经济”现象明显，各地区经济发展水平及技术水平差异较大，因此在环境规制政策的设计上要因地制宜，在权衡环境规制创新效应的同时也要充分考虑政策的实施环境，根据地区的经济条件及技术条件，具体问题具体分析，制定恰当的环境规制政策组合。

5.3.2 对“命令—控制”型工具选择的思考

环境质量标准的目标是浓度控制，污染排放标准的目标是总量控制，这两种“命令—控制”型环境规制政策在不同的实施环境下，对技术创新的作用存在着较大的差异，因此，应用这类工具时要有相应的政策指导建议。

首先，对于本书 5.2 条件 1 的假设下得出的结论，当政府的减排目标明确的情况下，排放标准比质量标准更有利于技术创新。为达到总的减排目标，中央政府可将全国的减排数量分解至各个地方政府，地方政府再根据具体的情况制定控制污染物的实施方案及排放标准，鼓励企业借助技术创新来达到减排目标。在我国的减排实践中，从 20 世纪 80 年代开始，环保部门最早将总量控制政策实施于水污染控制领域。地方政府根据中央精神和地方实际情况制定了一些关于总量控制的规定，如主要污染物的总量控制目标、重点保护水域的选择等。

在“十一五”期间，中央根据各地区各行业的特点将节能减排的指标采用层层分解的办法进行分配，并取得了较好的减排效果，在“十二五”期间，中央将继续采取这种层层分解的方式，同时考虑产业结构、经济发展水平、减排潜力、节能技术水平等综合因素，现已明确了各地区的节能目标、化学需氧量、氨氮排放、二氧化碳、二氧化硫、氮氧化物等污染物的排放总量控制计划。地方政府应配合中央的政策，将地方的减排任务通过层层分解的方法落实到部门、下一级政府、重点单位。

2008 年 2 月 28 日国家颁布第三次修改的《中华人民共和国水污染防治法》，明确规定国家对重点水污染物排放实施总量控制制度，这是我国再次在法律中重申确立该制度。“总量控制制度”由各地方政府环保主管部门统一实施并监督管理，具体施行步骤包括制定和控制重点水污染物排放总量，分解其指标落实到排污单位。对超过总量控制指标的，环境保护主管部门应当暂停审批相关新增的建设项目；对违反“总量控制制度”的、严重污染水环境的企业应向社会予以公布。

其次，对于本书 5.2 条件 2 的假设下得出的结论，采用“命令—控制”型环境规制政策时，如果政府指定技术标准，质量标准政策将优于排放标准，但技术标准的灵活度低，企业特定的技术方法或设备来减排受到限制，例如，要求所有的发电厂采用特定的清洁剂来除尘，由此可见，技术标准对企业的约束较多，影响了企业的创新动能。在环境规制实践中，美国政府认为特定的技术有可能阻碍了技术创新，质量标准政策局限性较大，对技术标准的制定要进行反复的论证，避免由于人为的局限性，对技术标准的各项指标评估不准确、不充分，反而导致社会福利的损失。总之，政府试图通过制定其他辅助政策工具来弥补质量标准的不足，因此环境规制政策工具的组合一定要设计恰当。

在实践中，政府为了使质量标准政策效果达到最优，在制定质量标准时会辅以一系列的最佳技术为基础。从我国的“命令—控制”型环境规制政策实践来看，“十一五”期间，污染减排主要靠的还是污染物排放总量控制、流域限批、环境执法等行政管制手段，而环境质量标准政策工具应用不多。根据董敏杰等（2010）的调查结果，65%的企业认为政府应鼓励它们对环保技术的研发，54%的企业认同设置限额排放污染物的政策。从调研的情况及长远规划来看，我国“命令—控制”型环境规制政策的发展方向应当是完善质量标准政策工具，从环境经济的角度激励企业的环境技术创新精神。

简短小结

本章从理论上研究了不同环境规制政策对技术创新的影响差异，并结合理论对如何选择环境规制政策有利于技术创新给出了相应的对策建议。不同环境规制政策对技术创新的影响存在着较大的差异，理论研究表明基于市场的环境规制有利于企业采用清洁生产技术，有明显的创新效应；“命令—控制”型环境规制在不同的条件下，创新效应的差异也很明显；因此，对于政策制定者而言，在适当的条件下，选择合适的规制工具，有利于企业技术创新的主动性和积极性。

第6章　环境规制促进技术创新的国际经验借鉴

环境规制能够影响企业的技术创新，而政策工具的应用在这个过程中体现出重要的作用已为人们所认识，各类环境规制政策工具的产生为企业的技术创新既设置约束条件又增加了激励的动力。罗思威尔（Rothwell，1985）认为，“企业在环境规制的制约下，生产成本或者生产技术都要随之调整，只有合理设计和实施的环境规制才有利于与之相适应的技术创新，有利于企业成本的节约；对规制制度的明确表述和说明以及相关部门间的配合可降低政策实施与履行的不确定性；此外，政府应为环境规制政策做好基础性的配套基础设施，为技术创新和扩散提供良好的实施环境”。

环境规制政策工具从20世纪60年代发展至今，根据“三分法”，可将之分为三类：“命令—控制”型政策、“经济激励型”政策和“信息披露与公众参与型”政策。“命令—控制”型政策主要包括环境标准、技术标准、排污许可证等；“经济激励型”政策主要包括可交易的排污许可证、排污收费、环境税、财政补贴等；“信息披露与公众参与型”政策主要有自愿环境协议等。各类环境规制政策工具有着不同的比较优势，其被政府施行后所产生的效果会激励企业对环境技术创新方式做出不同的选择。

“信息披露与公众参与”型优于“经济激励型”，“经济激励型”政策优于“命令—控制”型政策。在“自愿环境协议”下，环境规制对技术创新的激励效果最优，这是由于受政府管制豁免下的“自愿环境协议”签订的企业，往往以投资最优的环境技术为首选目标，而这些最优环境技术创新激励的作用所产生的减污效果往往超过政府要求的环境标准；在“经济激励型”环境规制政策工具下，企业为了达到政府要求的环境标准，主要投资的环境技术目标既要考虑经济绩效又要兼顾环境绩效，因此具有一定的创新激励的作用；而在“命令—控制”型环境规制政策工具管控下的企业几乎就没有创新激励作用，究其原因，这些被管控的企业往往被动地投资于政府指定的环境技术或末端的处理技术。

各种环境政策工具的开发促使领先的环境技术创新的发展，客观上由于复杂且风险较大的技术创新过程的存在，这就要求环境政策工具的制定者要注重各类环境规制政策对技术创新作用的差异及影响程度，对各种环境规制政策工具的特征进行比较、合理搭配并预测可能带来的利与弊。同样的环境规制政策应用于不同国家或地区，即使是行业相同的企业，也会产生不同的效果差异。比如，美国、日本和欧盟主要都采用相似的环境规制政策工具，但各国的政治状况、经济发展水平以及政府在鼓励创新过程中采取的方法不同，所以对环境规制政策工具的运用也有所侧重。

6.1 日本经验

6.1.1 严格的“命令—控制”型环境规制工具对技术创新的推动

日本政府执行较为严格的“命令—控制”型环境规制政策。“命令—控制”型环境规制政策工具是政府采用行政手段对环境资源利用进行直接管控，通常确定达到环境规制的标准是通过立法或制定行政部门的规章制度实现其目标，以行政命令的方式要求企业必须严格遵守，严厉处罚违反规制标准的企业。日本政府认为政府就应该对企业的技术创新行为进行直接干预，甚至认为政府能够比市场更好地预测到经济的长期战略性需求。

日本政府制定了完善且严格的环境规制相关法律法规体系，这是其技术创新能力处于世界领先水平的重要保障条件。早在 1970 年，日本就制定了《固体废弃物管理和公共清洁法》，在 1979 年就开始密切关注能源节约问题，并制定了《节约能源法》。1995 年以来随着对资源环境问题的进一步关注，日本又陆续颁布了一系列完善的相关法律法规，如《促进建立循环社会基本法》《促进容器与包装分类回收法》《建设及材料回收法》《食品废弃物再生法》《促进资源有效利用法》《绿色采购法》和《家电回收法》等。这些法律法规的颁布有利于环境的保护和技术创新的推进，同时《专利法》的不断完善对技术创新也起到了促进的作用，早在 1871 年，日本就颁布了保护专利的《专卖简则》。在此后的几十年里，随着社会的需要，日本专利法几乎每年都修改一次。

此处以日本汽车的发展为案例，说明日本政府严格制定的汽车行业环境规制法规对汽车行业技术创新的激励作用。日本政府对汽车尾气的排放标准是世界上最为严格的，早在 1966 年日本政府就对汽车尾气中一氧化碳的排放制定了严格的标准；1970 年，修订了《防止空气污染法》，在 1968 年的基础上提高了空气的污染标准；1974 年，要求在 4 年的期限内，日本轿车尾气中一氧化碳、氮氧化物和碳氢化物的排放量减少 90%；2005 年，新出台的《汽车尾气排放标准认定制度》对公交车、卡车及乘用车等新车尾气排放标准中关于颗粒状物质和氮氧化物等进一步做出了详细规定。对于《汽车尾气排放标准认定制度》的颁布，各大汽车制造企业并没有消极抵制，而本着对环境负责任的态度积极配合，将环境因素纳入企业的长期发展战略，虽然在短期内确实增加了汽车生产厂商的成本，但在长期实践中证明，这些严格的制度激发了日本汽车企业的技术创新，使日本汽车企业在竞争激烈的国际市场上赢得了竞争力，实现了环境和经济效益的双赢。

丰田汽车公司在日本严格的环境规制政策约束下，积极创新，逐渐制订了一套层层负责的、严密的、环保组织结构和完善的环境管理体系，丰田汽车社长曾明确提出：没有环保就没有汽车的未来。正是因为对环境保护和技术创新的高度重视，才练就出其本质竞争力。丰田汽车公司于1937年创立，其核心竞争力在于对环保技术的研发投入，注重环保的绿色制造理念，从而成就了其发展，2003年其产量超过美国的福特汽车，2007年跃居世界第一大汽车制造商，当年共生产949万辆汽车，年产量首次超过美国的通用汽车公司；丰田公司研发的具有核心环保技术的普锐斯混合动力车2010年全球销量超过200万辆。

丰田公司取得了环保与经济效益的双赢，这归功于丰田公司能够将环境保护纳入企业的长期发展战略中去，主动将环境保护视为企业发展中的最重要的研究项目之一，将环保理念落实到整个汽车生命周期中的每个环节，涉及环保车型的开发制造、汽车使用过程中的节能减排和汽车产品报废后的再生循环利用等。

1992年，丰田公司设立了自己的环境委员会，其宗旨是尽可能地将汽车产品对环境的负面影响降低到最小，这一宗旨贯穿于整个汽车产品生命周期之中，从设计产品到生产汽车以及从包装、运输到汽车的使用及废物的处理，形成一个向环境负责的系统工程。

1997年，丰田公司研发出核心环保技术VVT－i发动机和HSD油电混合动力技术，创新生产出当时国际上最低尾气排放的普锐斯油电混合动力车，1.5升相当于当时1.0升排量以下普通车型的油耗，其优越的低油耗和加速性能在国际上处于领先地位。

1998年，丰田的开发设计部门引进ISO14001环境认证体系，对整个汽车产品生命周期中的每一个环节对环境的影响进行全面的监控管理，尽量将对环境的负面影响减少到最低。当年，“资源再利用性事先评价系统”的建立是针对开发和设计阶段资源的循环再利用的创新，该系统旨在要求每一款新车在开发阶段就必须进行资源再利用性事先评价，以保证资源的再利用。实践中，丰田公司通过处理报废汽车的旧高分子材料、废旧金属等材料，并回收进行再利用，使报废汽车的再利用效率高达87%。

2003年，丰田引进新环保评价体系“Eco - VAS”，将综合环保评价标准更好地贯彻实施于设计、生产、包装、运输、使用和报废在内的整个汽车产品生命周期中的每一个环节。

6.1.2　基于市场的环境规制政策对技术创新的推动

日本的直接研发补贴制度、税收优惠措施及绿色采购制度等，主要体现在基于市场的环境规制政策对技术创新的推动方面的支持。

财政补贴是鼓励环境技术创新的一项环境规制政策，而成本补贴是政府对绿色技术创新主体的财政补贴方式，这种方式由政府从国库中拨款直接对研究开发进行补贴。该制度也用于对兴建的环保设施进行补贴。

税收优惠措施是刺激企业技术创新的又一政策工具，该措施包括：第一，对于研究开发设备中重大技术的税收优惠；第二，对于引进国外创新技术免征重要机械产品的进口关税，减征国外技术使用费的预扣税率；第三，扣除部分实验研究费的税额，如果年度实验费用高于过去历年最高额，将扣除超过额20%的税额。

绿色采购制度是日本政府推动绿色产业的发展、促进有利于环保的技术创新的战略举措。1994年推行的绿色政府行动计划，其主要精神就是支持并鼓励所有的中央政府所属机构列入采购绿色产品，而2000年《绿色采购法》的颁布，则规定了中央及地方政府所属机构的采购计划中的产品必须符合《绿色采购法》的规定。

此外，为了强化整个社会的自愿环境保护意识，日本政府加强了公共环保宣传及学校的环保教育。在公共环保宣传方面，建立了节能日和节能月，规定每年的2月为节能月，面向公众举办能源效率展览和各类宣传活动。在学校环保教育方面，文部省出版了教师用的《环境教育指导资料》，强化环保教育在整个教育体系中的重要地位，政府早在1967年就设立了全国中小学公害对策研究会。

6.1.3 对我国的启示与借鉴

1. 建立健全相关法律法规体系

日本经过几十年逐步制定和完善了一系列保护环境的法律、法规，主要包括技术创新、环境教育和专利保护等方面的。我国的相关法律、法规有待进一步健全，法律法规体系的完善是技术创新的有力保障。

2. 企业要制定与环境规制相匹配的环境战略

丰田公司的积极创新，说明企业面对严格的环境规制时要制定相匹配的环境战略规划，变被动为主动，从实际出发，动态地选择适宜的环境战略，形成良性互动。中国的企业也应该将严格的环境规制作为一种动力，作为一种激励机制，要将环保战略整合到企业战略和技术创新的行为上来，就像日本的丰田公司那样，积极推动企业环保技术和设备更新，生产环保绿色产品，绝不能将环境规制作为负担来对待，这才有可能制定适宜的环境战略。

3. 健全完备的技术创新配套激励机制

技术创新投入大、风险大、利润低、周期长，如果没有健全完备的配套激励机制，企业创新动能严重不足，因此，政府要建立健全技术创新配套体系，创新需要有良好的政府机制、社会机制和市场机制，这是保证创新的良好基础，同时要将技术创新作为国民经济整体发展规划战略的一个重要部分来推进。

4. 培育公众的环保意识

公众环保意识、创新意识的提高，会形成良好的环保氛围，于是技术创新的阻力就会更小，动力会更强。日本绿色意识的大众化与其重视并较早推进公众的绿色教育和创新教育密切相关，这一点很值得我国借鉴。目前，我国公众的环境意识、环保知识和绿色创新意识的总体水平还不高，因此，针对这些不足之处，应加强环保、创新教育，引导公众树立低碳环保理念，营造出良好的公众绿色创新文化氛围。

6.2　美国及欧盟经验

6.2.1　美国经验

为了确保环境规制的公平性和效率，美国政府在基于市场的环境规制政策中运用最为广泛的是税收政策，并在世界上最先推行环境规制的“成本—收益”分析。

1. 税收政策

美国政府认为应合理运用税收政策来促进技术创新，以发挥市场机制的调控作用，即通过增加税收或者减少税收的方法，改变技术创新的成本及收益，有效配置技术创新资源。在增加税收方面，通过对非环保商品征收消费税的方法来促使生产企业及相关行业的绿色技术创新，从而生产出绿色环保商品。例如：美国通过征收汽油税，提高了汽油的使用成本，间接地促进了电动汽车制造技术和汽车的节能技术的创新；通过对氟利昂征收消费税的方法来促使相关企业进行技术创新，研发氟利昂替代产品，以保护地球环境的臭氧层。在减免税收方面，通过对研究环保技术、生产绿色环保产品的企业实行减免税收的政策，激励企业技术创新、保护生态环境。美国的这种利用税收控制污染的政策早在20世纪60年代就开始研究并实施，80年代推进减免税收鼓励企业综合利用资源，90年代初进而实行企业投资“循环资源利用”的税收抵免扣除政策，其中还有23个州对企业购买循环利用设备免销售税。

进入21世纪后，美国在制定《2005年国家能源政策法案》中提出：为了鼓励石油、天然气、电力和煤气等重型污染企业重视环境保护、开发清洁能源，采用环保技术，在2015年之前，联邦政府将以减免税收、拨款和补助的方式提供总共123亿美元的优惠[1]。

2. “成本—收益”分析政策

1995年，美国颁布了《非资助性命令改革法案》，要求环境保护署对环境规制政策工具进行“成本—收益”的计算和比较，进行效率评估，科学设定环境规制政策的目标或标准。决策部门在制定环境规制政策时选择成本最低的规制工具，如果没有选择成本最小的规制工具，则必须做出合理的解释，以此作为评估和制定环境规制政策的依据。

“成本—收益”分析中，成本的计算分为直接成本和间接成本。直接成本包括：其一，管理成本，主要是政府衡量和实施环境规制的费用总和；其二，被规制企业服从规制的成本，包括新的污染控制设备的购买投入成本、适应成本和使用成本；间接成本主要是政府的监督成本、产品生产过程和投资等由于受环境规制的约束而附加的成本。

“成本—收益”分析中，收益的计算分为直接收益和间接收益。环境污染对人类存在着负面影响，而环境规制则在一定程度上遏制其影响程度，使人类得到由于环境改善而得到的满足，这就是环境规制的直接收益；Porter（1991）认为，环境规制能激励企业技术创新，会带来间接收益。

---

[1] 王南. 建设节约型社会：美国主动走上节能之路［EB/OL］. 新华网 http：//news3. xinhuanet. com/newscenter/2005－09/01/content_ 3429297. htm.

运用“成本—收益”分析来评估和制定环境规制政策，政策工具制定者既要考虑以最小的社会成本达到规制的效率——但不是唯一的要求，也要考虑其他的因素，如可操作性、公平性等。总之，“成本—收益”分析还不是一个完善的评估环境规制政策工具的标准，但它是一个主要的评估方法。我国借鉴环境规制“成本—收益”分析，能较合理地选择环境规制政策工具组合，提高环境规制效率。

“命令—控制”型环境规制政策工具，其特点是需要确定最优排污量，同时对污染物采用强制性的清洁技术标准等，因此管理成本较高，且技术创新的激励不足，造成效率较低。基于市场的环境规制政策工具，主要包括可交易的污染许可证制度，排污收费等。前者政策工具对技术创新有一定的激励作用，污染治理总成本最小，企业的灵活度较高，自主减污能力较强，但政府对企业的排污监测成本较高；后者虽然监管成本较低，但排污税率较难确定，并且在税率的确定过程中反复试错，企业效率损失的风险较大。表 6 – 1 列举了几个典型的环境规制政策工具的规制成本。

表 6 – 1　典型的环境规制政策工具规制成本的比较

工具类型	政策工具	服从规制的成本	总成本
“命令—控制”型政策工具	基于技术的规制	高	较高
	基于数量的规制	高	较高
基于市场的政策工具	排污收费制度	低	中
	可交易许可证	低	低

资料来源：赵红．环境规制的成本收益分析［J］．山东经济，2006（3）．

根据以上分析，在实践中，环境规制工具的选择取决于多种因素，基于市场的环境规制政策工具虽然具有一定优势，但也不能完全替代“命令—控制”型环境规制政策工具，各种环境规制政策工具都有其适应的条件，在特定情况下，哪一种政策工具或哪些政策工具组合成本低，收益高，并能有效地推动技术创新，取决于所处的社会、政治、经济环境，以及环境问题本身的特点。只有综合考虑各因素，才能根据具体情况准确估算不同环境规制政策工具的成本和收益，选择社会成本最低，收益高的最佳政策工具或政策工具组合。

6.2.2 欧盟经验

欧盟各成员国政府采用的主要环境规制工具为排污收费，且以设计细腻而取胜；可交易污染许可证制度则处在次要的位置，但近年来也逐渐得到各国的重视。排污收费的筹资激励作用主要在减污，对技术创新的激励作用不大。尽管如此，从效果上来看减污还是比较明显的。这些规制经验值得我国借鉴。

在税收支持技术创新方面，欧盟各国采取的政策以法国和丹麦最为典型。法国政府对采用节能型设备的工业、建筑、交通和服务等企业减免税收，鼓励使用能同时生产电能和热能的设备来提高能源效率。丹麦政府在20世纪80年代，为了保护绿色能源价格在市场中的竞争力，提高绿色能源的市场占有率，对化石燃料征收较高的能源环境税，并将税款部分专项用于绿色能源技术的创新开发和推广使用；此外，丹麦政府对丢弃的废物按照重量为依据来征收处置税。这些环境规制政策的实施取得了较好的效果，但由于较细腻的税费手段管理成本高，推行起来难度较大。

欧盟各国通过积极实施绿色采购制度，推动绿色产业发展的计划已经实施了近15年，最终将是促进有利于环保的技术创新。德国自1979年起推行环保标志产品制度，1994年要求政府采购循环经济产品；1998年，世界上第一个政府采购绿色标准在奥地利正式实行，该标准对政府采购做了明确的规定；随着欧盟各国相互采购日渐频繁，2004年，欧盟发行了《政府绿色采购手册》以指导政府绿色采购。

6.2.3　对我国的启示与借鉴

1. 增加基于市场型环境规制政策工具的使用比例

目前中国的环境规制工具还不丰富，一般以“命令—控制”型为主，基于市场环境规制工具有待于进一步研究，以激发企业技术创新的动力，充分利用市场机制配置技术创新资源。设计出一个有效的市场环境规制工具，其作用能利用经济手段来降低执行规制的经济成本、用宏观的方式控制污染程度，同时引导企业生产绿色产品。

2. 合理运用“成本—收益”分析，提高政策工具效率

中国处于重化工业的高速发展阶段，环境保护问题较为突出，在调和经济发展与环境保护这对矛盾时，一方面在讲求经济效益的基础上坚持经济发展的硬道理，另一方面要控制环境污染。因此在设计和施行环境规制政策时需进行“成本—收益”分析，将规制政策建立在科学量化分析的基础之上，综合考虑经济增长及环境因素，在环境规制评价体系中加入效率原则，调整环境规制目标和标准，提高政策工具应用的效率和水平。与此同时，环境规制政策的“成本—收益”分析，可以比较全面反映成本和收益内在的经济因素，从而从根本上降低规制政策的监管成本和效益损失。

3. 注重各类环境规制工具的合理搭配

欧盟在实施环境规制政策时，实行多样化的规制措施，非常重视多种政策的合理配合，避免政策的单一化。因此，我国在政策制定时也要综合权衡，合理运用排污征税、节能减税、环保标志、绿色采购等政策工具。

4. 加强技术创新的国际合作，形成优势互补

世界经济全球化进程加快，市场国际化趋势越来越明显，越来越多的跨国企业在全球范围内从事其生产经营，技术创新仅靠单独一家企业

自身的努力远远不够，需要不同的企业、不同的研究机构，各行业相互形成有效的优势互补，充分整合资金和技术。如“环保型燃料电池车”就是埃克森美孚公司、丰田和通用汽车公司通力合作的产物。因此，我国企业也应在技术创新中寻求国际合作，引进发达国家的先进技术、推动技术创新，生产清洁低碳的环保产品。

简短小结

本章研究环境规制推动技术创新的成功国际经验，研究对象的选取充分考虑国家的典型代表性、国际比较的可操作性和研究结论的现实意义，本章选取日本、美国和欧盟作为研究对象，着重从法律法规制定、典型案例分析、环境规制效率评价和政策配合等方面进行分析，并结合我国国情，提出针对性较强的经验借鉴。

第7章　结论与对策建议

7.1　本书的主要结论

目前，关于环境规制促进技术创新的研究已经成为制度经济学、环境经济学领域中一个十分重要的研究课题，国外学者进行了大量的相关理论研究和实证研究，已经取得了一定的成果，但仍存在着较多的研究空白，我国作为发展中国家在此研究领域的起步较晚，但随着环境问题越来越严重，学者们对该问题也越来越重视，研究的热点集中在如何科学有效地设计环境规制政策，推动技术创新并扩大环境技术的运用范围，才有利于目前迫切需要解决的环保低碳、节能减排问题。

笔者在系统分析环境规制对技术创新的影响机制的基础上，通过规范分析和实证分析，运用实证模型分别从地区和行业的角度研究了中国环境规制对技术创新的影响，并结合国际经验，针对我国推动技术创新的环境规制政策制定过程中需要注意的相关重要问题，得出以下结论。

（1）利用31个省（市、自治区）1997—2008年的面板数据研究了环境规制对中国技术创新的影响，实证结果表明：环境规制推动我国技术创新存在着一定的条件，即当人力资本水平较高时，具有显著的技术创新促进作用，反之，则不明显；在区域差异方面，环境规制对西部区域的技术创新没有影响，而在东部和中部区域，环境规制要发挥其促进作用，同样需要一定的条件，即当人力资本水平较高时，具有显著的技术创新促进作用，反之，则不明显。这意味着环境规制对技术创新不会自动地产生促进作用，只有那些人力资本水平高的地区，环境规制的加强才会促进其技术创新水平的提升，这也说明单独的环境规制政策不足以有效地推动技术创新，还需要政府制定一系列配套政策与之相协调。

（2）利用行业面板数据对不同污染密集度行业环境规制的技术创新效应进行实证分析，实证结果表明：环境规制对技术创新的影响存在着行业差异，环境规制程度的加强能够显著促进重污染行业企业的技术创新，但环境规制对中度及轻度污染行业技术创新影响作用不显著。因此，笔者认为，要充分保障环境规制给创新产业带来的应有收益，政府应引导创新动力不足行业的技术创新，同时，被规制行业应主动实行环境战略，采取积极措施应对环境规制。

（3）不同的环境规制政策工具对技术创新的影响不同。这些主要表现在以下两个方面。

第一，基于市场的环境规制激励企业采取清洁生产技术，有利于激励企业寻找使边际减污成本曲线向下移动的新技术，从动态的角度来看，与实施宽松的环境规制政策国家的企业相比，严格的环境规制有利于企业较早采用清洁生产技术，获得创新收益；“命令—控制”型环境规制政策工具主要激励企业采取末端处理技术，这类技术创新仅仅减少副产品的产生，无增值产出，会增加企业成本，并会使企业在某一减污水平上停止不前，因为企业一旦掌握应对当前环境规制政策的减污技术，环境规制就失去了约束力，不会进一步激励企业创新。

第二，“命令—控制”型环境政策中的质量标准和排放标准，在不同的实施条件下，会对技术创新产生不同的效果：在政府减排目标明确的情况下，排放标准比质量标准更有利于技术创新；当政府制定了特定的技术标准，在“命令—控制”型环境规制政策中质量标准政策将优于排放标准。

（4）不同国家的环境规制政策的制定在政策工具的运用方面具有

相似性，但在具体实践过程中需要分析在不同的整体经济环境下所产生的对技术创新影响的差异性，因此，在选择环境规制政策工具时，应合理搭配，结合各地区的技术、政治、经济及地理等因素综合考虑。尽管各规制政策工具相类似，但各国在组合应用环境规制政策工具促进技术创新上的效果却不相同。中国在借鉴国际经验时，也应结合自身的特点有选择性地借鉴。

7.2　对策建议

7.2.1　对地区政府的对策建议

1. 加大教育投入力度、提高人力资本水平

实证研究证实，要使环境规制对我国技术创新产生促进作用，必须跨越一定的"人力资本门槛"。为此，应加大中西部区域的教育投入力度，努力提高人力资本水平。实际上，从更广义的角度来说，这个"门槛"不仅仅局限于人力资本，基础设施、制度环境和经济发展水平等都存在着制约环境规制对各区域技术创新发挥积极作用的"门槛"。因此政府必须全面提升其政策环境，使其达到"门槛"之上，以利于环境规制对我国技术创新的促进作用。对于技术创新方面人才的培养，可采取加强企业与高校、科研机构合作的模式，科研机构和高校主要的不足之处表现在市场信息来源渠道单一、科研经费不足、科研成果市场转化率低，但同时具备强大的科研能力和科研团队、良好的实验条件等优势；而中小企业的不足之处表现在创新能力不足、技术力量薄弱，资金利用率低，优势在于直接面对市场，有利于科研成果的市场化。如果科研院所与中小企业能够在资金、人才、技术等方面进行积极合作，实现优势互补，一方面推动高校科研体制改革，实现创新技术产业化，另一方面，解决企业的技术问题，提高资本利用率。

2. 适当提高环境规制标准，广泛运用以市场为基础的环境规制政策工具

在适当提高环境规制标准的同时，由于以市场为基础的环境规制政策工具对技术创新有较大程度的促进作用，因此对于环境规制工具的选择，应广泛运用以市场为基础的环境规制工具，最大限度地激励企业技术创新，达到环境保护及提高经济绩效的“双赢”目标。

3. 实施差异化的区域技术创新政策，促进经济与环境协调发展

东部区域应继续提高环境规制程度，加强国际环保技术交流，加快产业结构升级，利用国际产业转移的机遇，积极发展高新技术产业和服务业。中西部要将改善经济发展基础作为重点。中部区域要抓住“中部崛起”和“两型社会”建设过程中政府的优惠政策，利用相对于西部更好的交通等基础设施和人力资本条件，加快产业结构调整，提高第二产业特别是工业的技术改造和产品的更新换代，并加强环境规制程度，加速技术创新。西部区域要根据自身落后的状况改善投资环境，加大基础教育及科技投入，引进先进管理经验，以各种形式吸引人才，为经济发展和技术创新创造良好的条件。同时，西部要考虑环境承载能力，严格控制高能耗、高污染的落后产业向本区域转移，促进经济与环境的协调发展。

此外，政府要在强化环境规制、增加科技投入的同时，借助价格、税收、补贴等手段，促使企业及相关机构重视环保技术的开发与利用，真正达到政府环境规制的目的。

7.2.2 对行业层面的对策建议

根据实证研究的结果，环境规制对技术创新的影响具有较大的行业差异。在重污染行业，环境规制对技术有显著的促进作用；在轻度污染行业，环境规制反而会挤占企业的生产资本，对技术创新没有促进作

用；在中等污染行业，由于创新动力不足，环境规制对技术创新的影响不明显。针对这一结论，政府应对不同污染程度的行业制定不同的环境规制政策工具，并制定针对性的鼓励创新的各类政策。

1. 要充分保障能给创新产业带来应有的收益

环境规制对引致创新的差异，主要是由于环境规制所引致的污染总成本的差异，从而使经济主体的创新积极性及创新实际投入产生差异，因此，政府要通过制定配套的金融、税收和产业政策保护创新产业的积极性，保障创新者的应得利益，这对于发挥环境规制引致创新作用是非常重要的。

2. 政府应引导创新动力不足行业的技术创新

对于创新动力不足的行业，环境规制甚至很可能挤占企业的创新资源或生产资源，降低企业自主创新投入或生产投入，这也说明目前中国环境规制政策与技术政策之间的互补不足，因此要强调技术政策对环境规制政策的补充，充分协调环境规制政策的执行力度、类别与技术政策的互补性。

3. 被规制产业应主动实行环境战略，采取积极措施应对环境规制

面对环境规制，被规制企业不应消极应付，而应主动将环境政策纳入企业发展战略，认识到这也是增强竞争优势的机会，通过实行清洁技术，发展低碳经济，通过创新补偿，抵消环保成本，这反映了产业应对环境规制的能力和水平，其目的是为了达到环保和提高产业绩效的双赢。

7.2.3　对环境规制工具类型选择的对策建议

1. 扩大基于市场环境规制政策的覆盖范围，但要考虑技术、管理及交易市场的成熟度

“基于市场”的环境规制政策有利于清洁技术创新，但清洁技术创

新对创新主体在资本投入及技术要求方面的要求要远远高于末端处理技术，因此具体到地区政府，要根据自身的经济及技术条件是否足以支撑清洁技术创新来权衡对环境规制政策的制定。否则，即使实施基于市场的环境规制政策工具，也会因为硬件条件不足，无法推动技术创新，还会给企业增加成本负担。

交易市场的成熟度直接影响到环境规制政策的执行效果，如排污权交易，它是一种基于市场的经济手段，对监管水平和市场成熟度的要求较高。首先，政府管理机构需测算并制订合理的排污量，并建立排污权交易市场，排污企业通过排污权交易市场进行交易；其次，政府管理机构可通过投放或回购排污权来进行宏观调控，若信息不对称，政府管理机构有可能出现失误或政策制定滞后于实际等情况。

目前排污权交易在我国部分发达地区还处在试点阶段，监管水平较高且交易市场完善的地区才有条件实施排污权交易制度，否则，盲目实施只会导致资源的浪费。

由于我国存在着“二元经济”，各地区的经济发展水平、技术条件和交易市场成熟度不同，在选择基于市场环境规制政策时不能全国同步，要因地制宜，先在条件成熟的地区试点，积累了经验之后再在全国范围内推广。

2. 完善环境标准体系，提高命令控制型规制政策的执行效果

“命令—控制”型环境规制政策目标明确，便于执行，容易监管，在我国现阶段是政府执行环境规制的主要方式，也得到许多企业的认可。但在实施的过程中也要掌握一定的规律，才有利于技术创新的开展。

在政府减排目标明确的情况下，排放标准比质量标准更有利于技术创新。在排放标准的实施过程中，2011 年 8 月 31 日国务院颁发《“十二五”节能减排综合性工作方案》，明确了全国和各地区化学需氧量、氨氮、二氧化硫和氮氧化物排放总量控制计划，并要求各级政府层层分

解，制订各类主要污染物的排放总量，最大限度地发挥企业技术创新的主动性和积极性。

对于政府制定了特定的技术标准，环境规制政策中质量标准政策将优于排放标准。因此，为了降低企业技术创新的风险，激发技术创新的积极性，政府在制定环境质量标准政策的同时，应出台相应的技术指导政策引导企业创新，如技术指南、技术大纲、技术推广目录等。

3. 因地制宜，加强各类环境规制政策的协调优化

各类环境规制政策在实施过程中存在着相互影响，因此，要制定配套政策，对不同的规制政策进行协调，避免政策间的效果削弱，甚至相互阻碍；同时，也要注意地区间政策的协调配合，避免由于标准的不统一和执行的不一致导致矛盾，影响规制效果。

7.2.4　与环境规制相协调的配套政策的对策建议

1. 对企业绿色技术创新予以财税金融政策的支持

通过征收环境税，实行生态环境综合补偿机制。对于实行清洁生产、应用清洁技术的企业实行税收优惠和补贴；对资源浪费大的产业、企业加收资源税。

通过设立专项基金的形式完善绿色技术创新的融资机制。可由政府直接筹措资金建立专门的政策性扶持机制；也可发行企业股票、债券、贷款、担保和采用民间资本的方式建立商业性融资扶持机制；也可通过设立“绿色创新的专项基金”，专为企业的绿色技术创新提供资金支持，如贴息贷款和贷款补助。

2. 加强对企业绿色技术创新知识产权保护的支持

目前我国知识产权制度不够完善，技术创新的合法收益得不到法律的保护，严重阻碍了科研人员的创造性，因此政府要完善技术创新的知识产权保护制度，为技术创新创造法律保护环境和有序竞争氛围，降低技术创

新的成本。与此同时，企业要提高知识产权保护的战略意识，制订科学的章程，设立专门的知识产权管理部门应对知识产权纠纷，维护企业技术创新知识产权的合法权益，为企业技术创新创造坚实的后盾。

3. 加强技术创新研发中心建设的支持

由于绿色技术创新投入大，生效慢，经济效益较一般投资要差，因此，仅依靠市场的力量推动，速度缓慢，必须依靠政府的积极支持与推动，推动国家环保部门、科技部门与相关科研院所、高等院校合作建立技术研发中心，进行绿色环保技术的研发，并积极引进国外成熟的环保技术进行适当的技术改造和创新，开展技术创新培训、技术创新信息发布、技术创新咨询及风险投资的服务，以促进技术创新的扩散，并发布科研成果进行技术创新的推广等。

7.3 进一步研究展望

笔者是在前人研究的基础上，以中国环境规制对技术创新的影响研究为主题，该主题是当前研究的热点，同时也是难点问题，书中研究得到了一些初步的结论和对策建议，但由于笔者的研究水平以及相关统计资料存在不可获得性数据，文中仍有进一步完善之处，对于后续的研究工作可以从以下几个方面入手。

第一，关于环境规制对技术创新的影响机制的理论研究，目前并不完善。本文是从“成本—收益”“技术传导”“进入—退出”三个层面分别阐述，但总的来说，与相关理论的融合度不高，并没有进行深入分析探讨，还没有形成一个完整的理论体系，这是未来研究的重要方向。

第二，建立一个环境规制对技术创新影响的一般理论模型具有相当的难度。目前国内外一些学者已进行了这方面的尝试，但这些研究具有较大的局限性，不具有普遍性，对理论模型的进一步完善将是笔者下一步的研究方向。

第三，关于国际经验的借鉴部分，本书中主要借鉴了发达国家的经验，如美国、日本和欧盟，但发达国家的经济发展水平及技术水平以及民众的环保意识与发展中国家有着较大的差异，而中国属于典型的发展中国家，要根据自身的特点，对发达国家的经验选择性地借鉴。此外，在以后借鉴国际经验的过程中，可选择借鉴发展中国家中的韩国、新加坡等国的经验，找出发展中国家与我国在环境规制问题中遇到的共同难题，总结出发展中国家在环境规制促进技术创新方面做了哪些努力。

第四，数据是研究的基础，然而在一定程度上各类统计数据的失真肯定会对论文经验研究的结果产生影响，这主要源于以下几点。

关于统计口径：在研究行业层面上环境规制对技术创新的影响，选取的变量中，如科技活动经费内部支出总额、行业专利授权数量和行业规模均采用的是“大中型工业企业”统计口径；而对于环境规制变量的统计口径，年鉴中给出的数据是“全部工业企业”，与前者变量口径并不能保持一致。

关于数据的可得性：不同环境规制政策工具对技术创新的影响，实证研究不足，主要的障碍是对不同环境规制政策工具的量化难度较大，导致对该问题的研究进展缓慢。

关于变量的测度：环境规制变量的测度，在本书中进行全面的比较分析，总结了不同测度方法的优劣，但在实际变量选取方面，考虑到数据的连续性及可得性，只能综合权衡，折中选取变量。

第五，政府在制定政策时要关注环境规制政策与相关政策的协调问题，在实践中要充分发挥环境规制对技术创新的推动作用，仅靠单一的环境规制政策远远不够，环境规制政策要与技术创新政策、金融政策、教育政策相配合，形成多种政策之间的互补，才有助于实现可持续发展的目标。

参考文献

[1] ALAN M RUGMAN, ALAIN VERBEKE. Corporate Strategy and International Environmental policy [J]. Journal of International Business Studies, 1998 (29).

[2] ANASTASIOS XEPAPADEAS, AART DE ZEEUW. Environmental Policy and Competitiveness: The Porter Hypothesis and the composition of Capital [J]. Journal of Environmental Economics and Management, 1999, 37 (2): 165 - 182.

[3] ANTWEILER W., COPELAND, B R., TAYLOR M. S.. Is Free Trade Good for the Environment? [J]. American Economic Review, 2001, 91 (4): 877 - 908.

[4] A. UIPH. Enviromental Policy and international trade when governments and Producers act strategically [J]. Jounal of Environmental Economics and Management, 1996 (30): 265 - 81.

[5] BAIN J S. Barriers to New Competition [M]. Cambridge: Harvard University Press, 1956.

[6] BARRO, R. J., J. W. LEE.. International Data on Educational Attainment: Updates and Implications [R]. CID Working Paper No. 42, 2000 (4).

[7] BRUNNERMEIER, S. B, COHEN, M A. Determinants of environmental innovation in US manufacturing industries [J]. Journal of Environmental Economics and Management, 2003 (45): 278 -293.

[8] BUSSE, M.. Trade, Environmental Regulations and the World Trade Organization: New Empirical Evidence [J]. Journal of World Trade, 2004, (38): 285 -306.

[9] CARMEN, E., CARRIóN - FLORES, ROBERT INNES.. Environmental Innovation and Environmental Policy: An Empirical Test of Bi - Directional Effects [R]. Working paper, 2006.

[10] CESARONI F., R. ARDUINI.. Environmental Technology in the European Chemical Industry [R]. LEM Working Paper Series, 2001.

[11] CHRISTER LJUNGWALL, MARTIN LINDE. Environmental Policy and the Location of Foreign Direct Investment in China [R]. Peking University Working Paper, 2005, No. E2005009.

[12] CLARA VILLEGAS - PALACIO, JESSICA CORIA. On the interaction between imperfect compliance and technology adoption: taxes versus tradable emissions permits [J]. Journal of Regulatory Economics, Springer, 38 (3): 274 -291, 12.

[13] DARON ACEMOGLU, PHILIPPE AGHION, LEONARDO BURSZTYN, et al.. The Environment and Directed Technical Change [R]. NBER (National Bureau of Economic Research) Working Paper, 2009, 15451, (10).

[14] DASGUPTA, S., MODY, A., ROY, S.. WHEELER, D. "Environmental Regulation and Development: a Cross - Country Empirical Analysis", Oxford Development Studies, 2001 (29): 173 - 185.

No. 1448 (1995).

[15] DASGUPTA, S., HETTIGE, H., WHEELER, D.. What Improves Environmental Performance ? Evidence from Mexican Industry, Policy Research Working Paper 1877 [R]. World Bank Development Research Group, 1998 (1).

[16] DEAN. Trade and Environment: A Survey of the Literature [A]. In: Patrick Lowed. International Trade and the Environment [C]. World Bank Discussion Paper1992.

[17] DOWNING P B., WHITE L J. Innovation in pollution control [J]. Journal of Environmental Economics and Management, 1986, 13 (3): 18 -29.

[18] ELISTE, P., P. G. FREDRIKSSON, "Does Trade Liberalisation Cause a Race to the Bottom in Environmental Policies? A Spatial Econometric Analysis." In L. Anselin and R. Florax (eds) New Advances in Spatial Econometrics, Berlin: Springer-Verlag, 2001.

[19] GROSSMAN, G. M., KRUEGER, A. B.. Environmental Impacts of a North American Free Trade Agreement [M] // In P. Garber (ed.), The US - Mexico Free Trade Agreement. MIT Press: Cambridge, MA, 1993.

[20] HAMAMOTO M. Environmental regulation and the productivity of Japanese manufacturing industries [J]. Resource and energy economics, 2006, 28 (4): 299 -312.

[21] HASCIC I, JOHNSTONE N and MICHEL C. Environmental Policy Stringency and Technological Innovation: Evidence from Patent Counts [R]. Gothenburg, Sweden: the European Association of Resource and

Environmental Economists, 2008.

[22] HAUSMAN, J.. Specification Tests in Economics [J]. Econometrica, 1978 (46): 1251 -1271.

[23] JAFFE A., NEWELL R., STAVINS R. Environmental Policy and Technological Change [J]. Environmental & Resource Economics, 2002, 22 (1): 41 -70.

[24] JAFFE A., PALMER, K.. Environmental regulation and innovation: A panel data study [J]. The Review of Economics and Statistics, 1997 (4): 610 -619.

[25] JOHNSTONE N, HAŠČIČI, POIRIER J et. al. Environmental policy stringency and technological innovation: evidence from survey data and patent counts [J]. Applied Economics, 2011, 44 (17): 2157 -2170.

[26] JUNG C, KRUTILLA K, BOYD R. Incentives for advanced pollution abatement technology at the industry level: an evaluation of policy alteratives [J]. Journal of Environmental Economics and Management, 1996, 30 (1): 95 -111.

[27] KAREN PALMER, MARGARET WALLS. Optimal policies for solid waste disposal Taxes, subsidies, And standards [J]. Journal of Public Economics, 1997, 65 (2): 193 -205.

[28] KEMP R, ARUNDEL A, SMITH K. Survey indicators for environmental innovation [A]. paper Presented to Conference towards Environmental Innovation Systems in Garmisch - Partenkirchen, 2002.

[29] KNEESE, A. V., SCHULTZE, C. L.. Pollution, Prices and Public Policy [M]. Washington, D. C.: Brookings, 1975.

[30] LANJOUW J. O., MODY A.. Innovation and the International Diffu-

sion of Environmentally Responsive Technology [J]. Research Policy, 1996, 25 (4): 549 -571.

[31] MADS GREAKER. Strategic environmental Policy when the governments are threatened by Relocation [J]. Resource and Energy Economics, 2003, 25 (2): 141 -154.

[32] MAGAT W. A. Pollution Control and Technological Advance: A Dynamics Model of the Firm [J]. Journal of Environmental Economics and Management, 1978, 5 (1): 1 -25.

[33] MANI M., WHEELER D. In Search of Pollution Havens? Dirty Industry In the World Eeonomy, 1960 -1995 [J]. Journal of Environment and Development, 1998, 7 (3): 215 -247.

[34] MANSFIELD. The R&D Tax Credit and Other Technology Policy Issues [J]. The American Economic Review, 1986, 76 (2): 190 - 194.

[35] MATTHEW A. C., ROBERT J. R ELLIOTT. FDI and the Capital Intensity of "Dirty" Sector: A Missing Piece of the Pollution Haven Puzzle [J]. Review of Development Economics, 2005, 9 (4): 530 -548.

[36] MILLIMAN, S. R. and R. PRINCE. Firm Incentives to Promote Technological Change in Pollution Control [J]. Journal of Environmental Economics and Management, 1989 (17): 247 -265.

[37] MOHR ROBERT D. Technical Change, External Economies, and the Porter Hypothesis [J]. Journal of Environmental Economics and Management, 2002, 43 (1): 158 -168.

[38] NAGHAVI A.. Can R&D - inducing green tariffs replace international environmental regulations? [J]. Resouce and Energy Economics, 2007 (1).

[39] NAKANO M. Can Environmental Regulation Improve Technology and Efficiency: An Empirical Analysis Using the Malmquist Productivity Index [C]. Eaere, 2003, June: 28 - 30.

[40] NORDBERG - BOHM V. Stimulating green technological innovation: an analysis of alternative policy mechanisms [J]. Policy sciences, 1999, 32 (1), 13 - 38.

[41] ORR L.. Incentive for Innovation as the Basis for Effluent Charge Strategy [J]. American Economic Review, 1976 (66): 441 - 447.

[42] OTSUKI T., J. WILSONT, and M. SEWADEH. "A Race to the Top? A Case Study of Food Safety Standards and African Exports" [R]. World Bank Policy Research Working Paper 2563, 2001 (3).

[43] PAUL LANOIE. Environmental Policy, Innovation and Performance: New Insights on the Porter Hypothesis [R]. Working paper, 2007, (4).

[44] PICKMAN, H. A. The Effect of Environmental Regulation on Environmental Innovation [J]. Business Straltegy and the Environment, 1998, 7 (4): 223 - 233.

[45] PIGOU, A. C. The Economics of welfare [M]. London: Macmillan, Forth Edition, 1932.

[46] POPP D. International innovation and diffusion of air pollution control technologies: the effects of NO and SO2 regulation in the US, Japan, and Germany [J]. Journal of Environmental Economics and Management, 2006, 51 (1): 46 - 71.

[47] PORTER, M. E. Towords a Dynamic Theory of Strategy [J]. Strategic Management Journal, 1991 (12): 95 - 117.

[48] PORTER, M. E., VAN DERINDE, C.. Towards a New Conception of the Environment Competitiveness Relationship [J]. Journal of Economies Perspectives, 1995 (9): 97 – 118.

[49] R. DAVID SIMPSON, ROBERT L. BRADFORD. Taxing Variable Cost: Environmental Regulation as Industrial Policy [J]. Journal of Environmental Economics and Management, 1996, 30 (3): 282 – 300.

[50] REYER G and BOB VAN DER Z. Options and Instruments for a Deep Cut in CO2 Emissions: Carbon Dioxide Capture or Renewables, Taxes or Subsidies? [J]. The Energy Journal, 2006, 27 (3).

[51] ROY ROTHWELL and WAELER ZEGVELD. Reindustrialization and Technololgy [M]. Longtman Group Limited, 1985: 129.

[52] SMARZYNSKA, B. K., WEI, S. J. Pollution Havens and Foreign Direet Investment: Dirty Secret or Popular Myth [A]. in: Fullerton, D. (ed.), The Eeonomics of Pollution Havens [M]. Elgar Publishers, 2006.

[53] SONIA BEN KHEDER, NATALIA ZUGRAVU. The Pollution Haven Hypothesis: A Geographic Economy Model in a Comparative Study [R]. Working Papers, 2008 (4).

[54] SPULBER D. F.. Regulation and Markets [M]. Cambridge, Mass.: MIT Press. 1989.

[55] STEFAN AMBEC, PHILIPPE BARLA. A theoretical foundation of the Porter hy Pothesis [J]. Economics Letters, 2002, 75 (3): 355 – 360.

[56] STONEMAN P. The Economic Analysis of Technology Change [M]. Oxford University Press, 1988: 112 – 115.

[57] TOBEY, J.. The Effeets of Domestic Environmental Policies on Pat-

terns of World Trade: an Empirical Test [J]. Kyklos, 1990, 43 (2): 191 -209.

[58] VAN BEERS, C. and VAN DEN BERGH, J. An Empirical Multi - Country Analysis of the Impact of Environmental Regulations on Foreign Trade Flows [J]. Kyklos, 1997 (50): 29 -46.

[59] VAN BEERS, C. . VAN DEN BERGH, J. The Impact of Environmental Policy on Foreign Trade: Tobey Revisited with a Bilateral Trade Flow, The Tinbergen Institute Discussion Paper [W]. TI 2000 -069/3.

[60] VICKI NORBERG - BOHM. Stimulating 'green' technological innovation: An analysis of alternative policy mechanisms [J]. Poliey Sciences, 1999 (32): 13 -38.

[61] WALTER, I., UGELOW, J. L.. Environmental Policies in Developing Countries [J]. Ambio, 1979, 8 (23): 102 -109.

[62] XU, XINGPENG. International Trade and Environmental Regulation: Times Series Evidence and Cross Section Text [J]. Environmental and Resource Economics 2000 (17): 233 -257.

[63] XU, X. P. International Trade and Environmental Policy: How Effective Is "Eco - dumping" [J]. Economic Modelling, 2000 (17): 71 -90.

[64] 藏旭恒，等. 产业经济学 [M]. 北京：经济科学出版社，2002：235.

[65] 常雪飞. 垄断竞争市场中排污税对环境技术扩散的影响研究 [J]. 求索，2009 (10): 12 -14.

[66] 戴鸿轶，柳卸林. 对环境创新研究的一些评论 [J]. 科学学研究，2009，27 (11): 1601 -1610.

[67] 戴永务，等. 绿色技术创新政策的国际经验对福建的借鉴与启示

[J]. 江西科技师范学院学报，2007（2）：10－14.

[68] 丁小玲. 京沪高速铁路（徐沪段）绿色生态评价指标体系研究[D]. 成都：西南交通大学，2009.

[69] 董敏杰，李钢，梁泳梅. 对中国环境管制现状与趋势的判断——基于企业与经济学家问卷调查的报告[J]. 经济研究参考，2010(51)：18－26.

[70] 杜颖. 日本专利法的最新修改[J]. 贵州警官职业学院学报，2002（4）：25－28.

[71] 傅京燕. 环境规制对贸易模式的影响及其政策协调[D]. 广州：暨南大学，2006.

[72] 高彤，杨姝影. 国际生态补偿政策对中国的借鉴意义[J]. 环境保护，2006（10）：71－76.

[73] 顾国达，牛晓婧，张钱江. 技术壁垒对国际贸易影响的实证分析——以中日茶叶贸易为例[J]. 国际贸易问题，2007（6）：74－80.

[74] 管书华，刘介明，李平丽. 技术创新风险分析的人工神经网络预测方法[J]. 科技与管理，2003，5，(6)：125－127.

[75] 郭朝先. 我国环境管制发展的新趋势[J]. 经济研究参考，2007（27）.

[76] 郭庆. 世界各国环境规制的演进与启示[J]. 东岳论丛，2009(6)：140－142.

[77] 国家发展改革委. “十二五”节能减排综合性工作方案解读[J]. 中国科技投资，2011（11）：18－21.

[78] 韩德培. 环境保护法教程[M]. 北京：法律出版社，2007.

[79] 韩景元，庞更新，等. 企业技术创新能力评价的理论、指标与方法[J]. 河北科技大学学报，2003，23（3）：90－94.

[80] 何培忠. 日本环境教育的发展 [J]. 国外社会科学, 2005 (6): 110-111.

[81] 黄德春, 刘志彪. 环境规制与企业自主创新——基于波特假设的企业竞争优势构建 [J]. 中国工业经济, 2006 (3): 100-106.

[82] 黄蕙萍. 提升企业可持续竞争力的产业环境规制研究——以中国建材产业为例 [D]. 武汉: 武汉理工大学, 2010.

[83] 黄有光. 福利经济学 [M]. 台湾: 茂昌图书有限公司, 1999.

[84] 黄佐钘. 上海高技术产业各行业效率变化研究 [J]. 中国科技论坛, 2010 (3): 45-55.

[85] 江珂. 环境规制对中国技术创新能力影响及区域差异分析 [J]. 中国科技论坛, 2009 (10): 28-33.

[86] 江珂. 中国环境规制对外商直接投资的影响研究 [D]. 武汉: 华中科技大学, 2010.

[87] 姜秀山, 李伊松, 卢山. 企业技术创新动力机制的研究 [J]. 中国高新技术企业评价, 1999 (1): 31-33.

[88] 解垩. 环境规制与中国工业生产率增长 [J]. 产业经济研究, 2008 (1): 19-25.

[89] 金碚, 等. 资源与增长 [M]. 北京: 经济管理出版社, 2009.

[90] 经济合作与发展组织, 欧盟统计局. 技术创新调查手册 [S]. 北京: 新华出版社, 1999.

[91] 李钢, 马岩, 姚磊磊. 中国工业环境管制强度与提升路线中国工业经济 [J]. 2010 (3): 31-41.

[92] 李红利. 中国地方政府环境规制的难题及对策机制分析 [D]. 上海: 华东师范大学, 2008.

[93] 李瑾. 环境政策对技术变迁的作用机制研究 [D]. 上海: 复旦大

学，2009.

[94] 李劲松. 技术创新生态化的政策桎梏及对策［D］. 合肥：合肥工业大学，2009.

[95] 李凯，王秋菲，许波. 美国、欧盟、中国绿色电力产业政策比较分析［J］. 中国软科学，2006（2）：54－60.

[96] 李平，慕秀如. 环境规制技术创新效应差异性分析［J］. 科技进步与对策，2013（1）：1－6.

[97] 李胜文，李新春，杨学儒. 中国的环境效率与环境管制［J］. 财经研究，2010（2）：60－68.

[98] 李艳玲，潘杰义，陈碉希. 基于 DEA 的企业技术创新效率评价研究［J］. 河北工业科技，2005，22（2）：74－76.

[99] 李永友，沈坤荣. 我国污染控制政策的减排效果［J］. 管理世界，2008（7）：7－17.

[100] 李云雁. 环境管制与企业技术创新：政策效应比较与政策配置［J］. 浙江社会科学，2011（12）：48－55.

[101] 李云雁. 企业应对环境管制的战略与技术创新行为［D］. 杭州：浙江工商大学，2010.

[102] 李昭华，蒋冰冰. 欧盟玩具业环境规制对我国玩具出口的绿色壁垒效应［J］. 经济学季刊，20098（3）：813－828.

[103] 梁冬寒，袭著燕，李刚. 环境规制与出口绩效相互影响效应分析——基于重污染制造业的考察［J］. 统计与决策，2009，（7）：80－82.

[104] 刘景江，郑刚，等. 国外 R&D 项目测度与评价研究述评［J］. 科研管理，2001，22，（6）：9－14.

[105] 刘晓音，赵玉民. 环境规制背景下的企业绿色技术创新探析

[J]. 技术经济与管理研究，2012 (2)：43-46.

[106] 刘益，杨铁定. 环境因素对国有企业技术创新：影响分析 [J]. 西安交通大学学报，1998，32 (8)：90-93.

[107] 刘志忠，陈果. 环境管制与外商直接投资区位分布——基于城市面板数据的实证研究 [J]. 国际贸易问题，2009 (3)：61-69.

[108] 卢仁艳. 欧盟 REACH 法规对我国化工产品出口的影响与对策研究 [D]. 南京：东南大学，2009.

[109] 陆静丽. 环境成本对企业创新的激励作用——以日本丰田汽车公司为例 [J]. 现代经济信息，2011 (14)：29-30.

[110] 陆旸. 环境规制影响了污染密集型商品的贸易比较优势吗 [J]. 经济研究，2009 (4)：28-40.

[111] 马海良，黄德春，姚惠泽. 技术创新、产业绩效与环境规制——基于长三角的实证分析 [J]. 软科学，2012，26 (1)：1-5.

[112] 彭海珍. 环境管制对企业国际竞争力影响的内在机制研究 [D]. 上海：上海交通大学，2004.

[113] 钱易，唐孝炎. 环境保护与可持续发展 [M]. 北京：高等教育出版社，2000：319.

[114] 沈能. 环境规制对区域技术创新影响的门槛效应 [J]. 中国人口资源与环境，2012，22 (6)：12-16.

[115] 生延超. 环境规制的制度创新：自愿性环境协议 [J]. 华东经济管理，2008 (10)：27-30.

[116] 石昶. 中国污染控制政策作用与设计研究 [D]. 武汉：华中科技大学，2012.

[117] 苏东水. 产业经济学 [M]. 北京：高等教育出版社，2000：136-140.

[118] 田东文，叶科艺. 安全标准与农产品贸易：中国与主要贸易伙

伴的实证研究［J］．国际贸易问题，2007（9）：108－113.

［119］托马斯·思德纳．环境与自然资源管理的政策工具［M］．上海：上海三联书店、上海人民出版社，2005.

［120］万秋山．全球政策绿色采购政策发展现状和我国的对策［J］．环境科学动态，2005（3）：23－25.

［121］王锋正，姜涛．环境规制对我国西部地区技术创新能力影响研究［J］．科学管理研究，2014（2）：51－54.

［122］王国进，王其藩．企业技术创新能力评价研究的新进展［J］．科技导报，2004（2）：37－39.

［123］王海盛，郑立群．基于核心技术能力的企业竞争优势的构建［J］．科技管理研究，2006（12）：101－103.

［124］王璐，杜澄，王宇鹏．环境管制对企业环境技术创新影响研究［J］．中国行政管理，2009（2）：52－56.

［125］王齐．环境管制促进技术创新及产业升级的问题研究［D］．山东：山东大学博士，2005.

［126］王青云，饶扬德．企业技术创新绩效的层次灰色综合评判模型［J］．数量经济技术经济研究，2004（5）：55－62.

［127］王寿兵．中国工业系统各行业综合污染度评价方法与实例［J］．中国人口·资源与环境，2008（6）：127－131.

［128］王熙君．环境管制、绿色壁垒与产业的绿色创新［D］．南京：东南大学，2009.

［129］吴磊．环境管制对FDI影响研究［D］．武汉：华中科技大学，2010.

［130］吴玉鸣．外商直接投资对环境管制的影响［J］．国际贸易问题，2006（4）：111－116.

[131] 夏友富. 外商投资中国污染密集产业现状、后果及其对策研究 [J]. 管理世界, 1999 (3): 109-123.
[132] 熊鹏. 环境保护与经济发展——评波特假说与传统新古典经济学之争 [J]. 当代经济管理, 2005, 27 (5): 80-84.
[133] 许士春, 何正霞, 龙如银. 环境规制对企业绿色技术创新的影响 [J]. 科研管理, 2012 (6): 67-74.
[134] 许士春. 环境规制与企业竞争力 [J]. 国际贸易问题, 2007 (5): 78-83.
[135] 闫杰. 环境污染规制中的激励理论与政策研究 [D]. 青岛: 中国海洋大学, 2008.
[136] 阎莉. 日本技术创新政策制定的理论依据及其政策手段选择 [J]. 日本研究, 2000 (4): 24-30.
[137] 杨蕙馨, 王军. 进入退出与国有企业的退出问题研究 [J]. 南开经济研究, 2004 (4): 36-42.
[138] 杨涛. 环境管制对 FDI 影响的实证分析 [J]. 世界经济研究, 2003 (5): 65-68.
[139] 杨忠敏. 企业技术创新能力评价的理论与方法综述 [J]. 科技进步与对策, 2004 (3): 138-140.
[140] 叶子青, 钟书华. 美、日、欧盟绿色技术创新比较研究 [J]. 科技进步与对策, 2002 (7): 150-152.
[141] 亦东. 浅析美国成为环保大国中的政府行为 [J]. 环境保护, 2003 (10): 57-59.
[142] 尹艳冰. 面向循环经济的生态化技术创新体系构建及其测度研究 [D]. 天津: 天津大学, 2008.
[143] 应瑞瑶, 周力. 外商直接投资、工业污染与环境规制——基于中

国数据的计量经济学分析 [J]. 财贸经济, 2006 (1): 76 - 81.
[144] 约瑟夫. 熊彼特. 经济发展理论 [M]. 北京: 商务印书馆, 1990.
[145] 张成, 陆旸, 郭路, 等. 环境规制强度和生产技术进步 [J]. 经济研究, 2011 (2): 113 - 124.
[146] 张红凤. 制约、双赢到不确定性——环境规制与企业竞争力相关性研究的演进与借鉴 [J]. 财经研究, 2008 (7): 16 - 26.
[147] 张倩, 曲世友. 环境规制对企业绿色技术创新的影响研究及政策启示 [J]. 中国科技论坛, 2013 (7): 11 - 17.
[148] 张瑛. 政策绿色采购的国际经验与借鉴 [J]. 地方财政研究, 2006 (2): 53 - 55.
[149] 赵红. 环境规制的成本收益分析——美国的经验与启示 [J]. 山东经济, 2006 (2): 115 - 120.
[150] 赵红. 环境规制对企业技术创新影响的实证研究 [J]. 软科学, 2008 (6): 121 - 125.
[151] 赵红. 环境规制对中国产业技术创新的影响 [J]. 经济管理, 2007 (21): 57 - 61.
[152] 赵细康. 环境保护与产业国际竞争力理论与实证分析 [M]. 北京: 中国社会科学出版社, 2003.
[153] 赵细康. 环境政策对技术创新的影响 [J]. 中国地质大学学报 (社会科学版), 2004 (1): 24 - 28.
[154] 赵玉林. 产业经济学 [M]. 武汉: 武汉理工大学出版社, 2004: 285 - 288.
[155] 赵玉民, 朱方明, 贺立龙. 环境管制的界定、分类与演进研究 [J]. 中国人口·资源与环境, 2009 (6): 85 - 90.

[156] 赵玉民. 环境规制约束下的企业发展研究 [D]. 成都：四川大学，2009.

[157] 周海蓉. 国外学者关于环境管制与技术创新关系的研究综述 [J]. 经济纵横，2007（22）：97-99.

[158] 植草益. 微观规制经济学 [M]. 朱绍文，等，译. 北京：中国发展出版社，1992.

后 记

本书是在作者博士后研究报告的基础上扩展的科研成果。2013 年 12 月，我在中南财经政法大学的校园里已经度过了 3 年多的博士后研究工作和学习，这是一生难忘的记忆，其中让我铭记在心的是这里严谨治学的氛围和撰写研究报告的艰辛。

关于环境规制的研究，是当今世界的热点问题，在理论经济学和应用经济学的研究领域中具有很重要的地位。尽管它已经超出我的学术能力，但由于它所具有的现实重要性，总是吸引着我对它抱有浓厚的兴趣，并努力通过深入思考和研究，为我国提供可借鉴的理论方法和操作性强的实践对策。

在写作过程中，我时常感到力不从心，是合作导师卢现祥先生提出了许多宝贵的修改建议，启发我不断拓展思考问题的空间，逐渐形成了比较清晰的思路，逐步理清了研究报告的结构、研究方法及研究内容，直到最后完成该研究的定稿。

在写作过程中，我还得到了家人的理解和支持，在我人生的每一个重要阶段，他们都给予了我巨大的支持和鼓励，使我时时感受到家庭的温暖。还要感谢博士后流动站的徐老师、丁老师和朱老师的亲切关怀和悉心指导，以及许多好友的关心和鼓励。

总之，本书很大程度上是在与诸多良师益友的相互交流中获得的结果，他们无私地向我提供了很多有价值的建议，这既让我避免了一些错误，也有利于我把所研究的问题不断地推向深入，当敲定论文最后一个文字的时候，我的心中涌动起庆幸和感激之情，在平日的求学路上，甚至连一句感激之词也未曾表达过，仅以此书，向他们以及曾经帮助过我的所有的人表示深深地谢意。

本书还引用了大量的珍贵文献和学术观点，在此一并谢忱。

江 珂

2013 年 12 月

附录1　第4章的“地区”部分数据汇集表

附录1－1

地区	年份	专利授权项 Patent	发明 Invention	实用新型 Utility Model	外观设计 Design
北京	1997	3327	281	2340	706
	1999	5829	573	3948	1308
	2000	5905	1074	3463	1368
	2001	6246	946	3600	1700
	2002	6345	1061	3721	1563
	2003	8248	2261	4244	1743
	2004	9005	3216	3956	1833
	2005	10100	3476	4498	2126
	2006	11238	3864	5490	1884
	2007	14954	4824	7364	2766
	2008	17747	6478	8776	2493
天津	1997	940	56	634	250
	1999	1508	95	1039	374
	2000	1611	163	994	454
	2001	1829	96	1214	519
	2002	1827	102	1163	562
	2003	2505	241	1547	717
	2004	2578	432	1587	559
	2005	3045	763	1543	739
	2006	4159	967	2164	1028
	2007	5584	1164	3063	1357
	2008	6790	1610	4016	1164

附录1－2续

地区	年份	专利授权项 Patent	发明 Invention	实用新型 Utility Model	外观设计 Design
河北	1997	1560	45	1146	369
	1999	3011	85	2272	654
	2000	2812	221	1917	674
	2001	2791	197	1837	757
	2002	3353	190	2018	1145
	2003	3572	275	2197	1100
	2004	3407	357	2064	986
	2005	3585	371	2246	968
	2006	4131	407	2699	1025
	2007	5358	462	3570	1326
	2008	5496	549	3937	1010
辽宁	1997	2624	131	2003	490
	1999	4906	224	3900	782
	2000	4842	458	3703	681
	2001	4448	346	3470	632
	2002	4551	385	3260	906
	2003	5656	644	3905	1107
	2004	5749	911	3752	1086
	2005	6195	942	4235	1018
	2006	7399	1063	5277	1059
	2007	9615	1220	7035	1360
	2008	10665	1516	8256	893
上海	1997	1886	88	1025	773
	1999	3665	189	1994	1482
	2000	4050	304	2083	1663
	2001	5371	242	2220	2909
	2002	6695	341	2805	3549
	2003	16671	880	3844	11947
	2004	10625	1687	4040	4898
	2005	12603	1997	4437	6169
	2006	16602	2644	6739	7219
	2007	24481	3259	9718	11504
	2008	24468	4258	11973	8237

附录 1－3 续

地区	年份	专利授权项 Patent	发明 Invention	实用新型 Utility Model	外观设计 Design
江苏	1997	2962	106	1816	1040
	1999	6143	167	4055	1921
	2000	6432	341	4095	1996
	2001	6158	244	3738	2176
	2002	7595	334	4304	2957
	2003	9840	626	5381	3833
	2004	11330	1026	5474	4830
	2005	13580	1241	6483	5856
	2006	19352	1631	8849	8872
	2007	31770	2220	12944	16606
	2008	44438	3508	16029	24901
浙江	1997	3167	64	1488	1615
	1999	7071	108	3524	3439
	2000	7495	184	3439	3872
	2001	8312	174	3549	4589
	2002	10479	188	3860	6431
	2003	14402	429	4947	9026
	2004	15249	785	5492	8972
	2005	19056	1110	6778	11168
	2006	30968	1424	10503	19041
	2007	42069	2213	16108	23748
	2008	52953	3269	20000	29684
福建	1997	1546	24	468	1054
	1999	2934	32	1089	1813
	2000	3003	93	1074	1836
	2001	3296	82	1107	2107
	2002	4001	63	1306	2632
	2003	5377	137	1658	3582
	2004	4758	160	1776	2822
	2005	5147	242	1793	3112
	2006	6412	310	2578	3524
	2007	7761	336	3323	4102
	2008	7937	530	3921	3486

附录 1－4 续

地区	年份	专利授权项 Patent	发明 Invention	实用新型 Utility Model	外观设计 Design
山东	1997	2907	96	1971	840
	1999	6536	172	4668	1696
	2000	6962	363	4627	1972
	2001	6725	333	4576	1816
	2002	7293	322	4700	2271
	2003	9067	580	5770	2717
	2004	9733	788	6028	2917
	2005	10743	903	6502	3338
	2006	15937	1092	10389	4456
	2007	22821	1435	15356	6030
	2008	26688	1845	18785	6058
广东	1997	7173	49	1606	5518
	1999	14328	123	3897	10308
	2000	15799	261	4797	10741
	2001	18259	301	5246	12712
	2002	22761	352	6395	16014
	2003	29235	953	7921	20361
	2004	31446	1941	9307	20198
	2005	36894	1876	11017	24001
	2006	43516	2441	15644	25431
	2007	56451	3714	21636	31101
	2008	62031	7604	25072	29355
海南	1997	167	1	27	139
	1999	342	8	82	252
	2000	320	15	90	215
	2001	303	16	70	217
	2002	199	6	46	147
	2003	296	28	97	171
	2004	278	36	93	149
	2005	200	36	76	88
	2006	248	39	103	106
	2007	296	51	143	102
	2008	341	47	198	96

附录 1－5 续

地区	年份	专利授权项 Patent	发明 Invention	实用新型 Utility Model	外观设计 Design
山西	1997	487	34	385	68
	1999	920	87	692	141
	2000	968	173	627	168
	2001	1047	132	669	246
	2002	934	161	597	176
	2003	1175	276	662	237
	2004	1189	295	636	258
	2005	1220	280	695	245
	2006	1421	314	890	217
	2007	1992	307	1265	420
	2008	2279	420	1559	300
吉林	1997	679	33	544	102
	1999	1550	83	1121	346
	2000	1650	154	1142	354
	2001	1443	138	988	317
	2002	1507	157	902	448
	2003	1690	233	1049	408
	2004	2145	451	1179	515
	2005	2023	391	1255	377
	2006	2319	449	1466	404
	2007	2855	454	1943	458
	2008	2984	574	2005	405
黑龙江	1997	1288	29	1063	196
	1999	2378	85	1836	457
	2000	2252	208	1663	381
	2001	1870	145	1411	314
	2002	2083	138	1541	404
	2003	2794	229	2097	468
	2004	2809	326	1997	486
	2005	2906	407	2067	432
	2006	3622	565	2488	569
	2007	4303	668	3079	556
	2008	4574	740	3335	499

附录1－6续

地区	年份	专利授权项 Patent	发明 Invention	实用新型 Utility Model	外观设计 Design
安徽	1997	637	19	492	126
	1999	1422	48	917	457
	2000	1482	104	894	484
	2001	1278	71	826	381
	2002	1419	99	813	507
	2003	1610	139	968	503
	2004	1607	150	972	485
	2005	1939	238	1072	629
	2006	2235	272	1308	655
	2007	3413	317	2003	1093
	2008	4346	489	2512	1345
江西	1997	611	25	403	183
	1999	1011	30	673	308
	2000	1072	67	690	315
	2001	999	77	540	382
	2002	1044	63	525	456
	2003	1238	97	685	456
	2004	1169	105	625	439
	2005	1361	142	717	502
	2006	1536	157	896	483
	2007	2069	176	1316	577
	2008	2295	218	1520	557
河南	1997	1233	39	977	217
	1999	2871	86	2229	556
	2000	2766	209	2113	444
	2001	2582	171	1896	515
	2002	2590	149	1869	572
	2003	2961	256	1983	722
	2004	3318	306	2117	895
	2005	3748	356	2304	1088
	2006	5242	450	3260	1532
	2007	6998	563	4517	1918
	2008	9133	668	5317	3148

附录 1－7 续

地区	年份	专利授权项 Patent	发明 Invention	实用新型 Utility Model	外观设计 Design
湖北	1997	1041	43	827	171
	1999	2228	107	1628	493
	2000	2198	156	1573	469
	2001	2204	186	1513	505
	2002	2209	192	1475	542
	2003	2871	420	1859	592
	2004	3280	744	1966	570
	2005	3860	733	2238	889
	2006	4734	855	3031	848
	2007	6616	886	4400	1330
	2008	8374	1152	5732	1490
湖南	1997	1333	66	1074	193
	1999	2523	96	1910	517
	2000	2555	197	1759	599
	2001	2401	166	1730	505
	2002	2347	158	1600	589
	2003	3175	346	1888	941
	2004	3281	436	1801	1044
	2005	3659	533	2137	989
	2006	5608	581	2540	2487
	2007	5687	735	3438	1514
	2008	6133	1196	3446	1491
内蒙古	1997	372	11	264	97
	1999	723	17	521	185
	2000	775	60	530	185
	2001	743	73	440	230
	2002	679	53	428	198
	2003	817	80	423	314
	2004	831	108	437	286
	2005	845	98	452	295
	2006	978	108	543	327
	2007	1313	120	788	405
	2008	1328	140	866	322

附录1－8续

地区	年份	专利授权项 Patent	发明 Invention	实用新型 Utility Model	外观设计 Design
广西	1997	705	26	362	317
	1999	1232	40	761	431
	2000	1191	99	730	362
	2001	1099	54	737	308
	2002	1054	46	675	333
	2003	1331	83	790	458
	2004	1272	127	666	479
	2005	1225	140	700	385
	2006	1442	183	803	456
	2007	1907	188	1219	500
	2008	2228	204	1441	583
大四川	1997	1930	92	1245	593
	1999	3999	164	2463	1372
	2000	4376	304	2376	1696
	2001	4554	299	2172	2083
	2002	5164	282	2263	2619
	2003	6934	467	2810	3657
	2004	8031	730	3069	4232
	2005	8197	791	3376	4030
	2006	11728	922	4579	6227
	2007	14929	1179	6523	7227
	2008	18189	1618	8060	8511
贵州	1997	337	9	190	138
	1999	620	18	411	191
	2000	710	65	377	268
	2001	642	42	357	243
	2002	615	47	334	234
	2003	723	79	355	289
	2004	737	179	364	194
	2005	925	162	533	230
	2006	1337	188	862	287
	2007	1727	233	1120	374
	2008	1728	270	1183	275

附录1-9续

地区	年份	专利授权项 Patent	发明 Invention	实用新型 Utility Model	外观设计 Design
云南	1997	692	20	362	310
	1999	1185	73	695	417
	2000	1217	140	606	471
	2001	1347	113	662	572
	2002	1128	83	522	523
	2003	1213	173	527	513
	2004	1264	235	586	443
	2005	1381	306	563	512
	2006	1637	355	689	593
	2007	2139	368	1017	754
	2008	2021	383	1038	600
陕西	1997	946	39	732	175
	1999	1569	99	1161	309
	2000	1462	188	1022	252
	2001	1354	132	959	263
	2002	1524	146	1053	325
	2003	1609	169	1105	335
	2004	2007	459	1193	355
	2005	1894	445	1131	318
	2006	2473	602	1443	428
	2007	3451	755	2034	662
	2008	4392	962	2774	656
甘肃	1997	295	27	208	60
	1999	494	48	385	61
	2000	493	82	326	85
	2001	512	56	349	107
	2002	397	71	251	75
	2003	474	83	307	84
	2004	514	127	322	65
	2005	547	116	338	93
	2006	832	145	514	173
	2007	1025	180	656	189
	2008	1047	211	675	161

附录1-10续

地区	年份	专利授权项 Patent	发明 Invention	实用新型 Utility Model	外观设计 Design
青海	1997	56	5	38	13
	1999	123	5	89	29
	2000	117	16	67	34
	2001	101	15	58	28
	2002	85	14	48	23
	2003	90	17	35	38
	2004	70	21	30	19
	2005	79	24	34	21
	2006	97	30	45	22
	2007	222	28	84	110
	2008	228	23	100	105
宁夏	1997	84	0	67	17
	1999	150	10	115	25
	2000	224	21	166	37
	2001	231	15	133	83
	2002	216	22	114	80
	2003	338	54	160	124
	2004	293	46	119	128
	2005	214	40	130	44
	2006	290	64	142	84
	2007	296	32	200	64
	2008	606	48	266	292
新疆	1997	328	14	269	45
	1999	859	32	630	197
	2000	717	66	475	176
	2001	755	90	522	143
	2002	627	61	407	159
	2003	752	75	521	156
	2004	792	75	530	187
	2005	921	88	537	296
	2006	1187	107	805	275
	2007	1534	90	1035	409
	2008	1493	82	1100	311

附录1－11续

地区	年份	科技活动人员数	科技活动经费内部支出（万元，1997基期＝100）	人力资本水平	工业废水排放达标率%
北京	1997	215704	1637507	9. 50130	68. 8525
	1999	173182	1864689	9. 98159	83. 6496
	2000	248961	3036051	10. 12559	92. 6265
	2001	240609	3401107	10. 25954	97. 2738
	2002	257326	3889060	10. 25908	98. 3429
	2003	270921	4225328	10. 34572	99. 2981
	2004	301981	4751122	10. 55858	98. 6130
	2005	352588	5717547	10. 68580	99. 4303
	2006	382757	6548178	10. 95011	99. 2920
	2007	401595	7060616	11. 08531	97. 4157
	2008	419741	7157787	11. 23107	98. 2550
天津	1997	65503	278825	8. 37561	85. 8579
	1999	58538	269763	8. 71113	81. 5509
	2000	71049	503346	8. 78683	97. 6255
	2001	70005	611621	8. 86035	99. 5247
	2002	71175	643462	9. 15007	99. 7222
	2003	78761	810289	9. 24681	99. 8426
	2004	83760	1070316	9. 64492	99. 3548
	2005	90680	1293631	9. 51290	99. 6044
	2006	99054	1651435	9. 72924	99. 7693
	2007	112650	1985961	9. 80771	99. 7092
	2008	123965	2391056	10. 14630	99. 9021
河北	1997	69527	213717	7. 17395	75. 0539
	1999	70357	264654	7. 46355	63. 1790
	2000	106874	510793	7. 60516	71. 0368
	2001	100797	486727	7. 74635	86. 3210
	2002	109451	606837	8. 03266	91. 7731
	2003	113510	719052	8. 37868	94. 7242
	2004	112556	788458	8. 38022	96. 4133
	2005	123246	1000374	8. 16949	96. 2958
	2006	130502	1190738	8. 13010	93. 4095
	2007	136441	1394625	8. 16702	92. 2794
	2008	142628	1439051	8. 71358	95. 4833

附录1－12续

地区	年份	科技活动人员数	科技活动经费内部支出（万元，1997基期＝100）	人力资本水平	工业废水排放达标率%
辽宁	1997	152250	551588	8.10166	69.4280
	1999	121396	534574	8.18390	71.7684
	2000	165029	889179	8.22481	79.9641
	2001	166446	978159	8.26590	84.8008
	2002	197025	1426743	8.43976	87.8458
	2003	159073	1405727	8.92049	91.6108
	2004	165879	1630859	8.83882	93.9266
	2005	183889	1832509	8.74609	95.0938
	2006	186023	1984928	8.92241	92.9089
	2007	188663	2470996	8.98702	92.4078
	2008	195465	2629285	9.34291	88.5294
上海	1997	149149	1236411	8.88508	88.5244
	1999	131282	1199261	9.26669	89.8968
	2000	183192	1910552	9.35808	93.2460
	2001	175728	2204955	9.44126	95.3890
	2002	178875	2505698	9.59500	94.8564
	2003	175859	2791673	10.12568	94.9404
	2004	173995	3225149	10.11260	96.2668
	2005	186165	3687862	10.02573	97.0507
	2006	200681	3878858	10.43824	97.5381
	2007	227867	4522590	10.45460	97.7339
	2008	224234	4558071	11.01702	98.7891
江苏	1997	215487	795282	6.91044	69.7345
	1999	203366	1014376	7.30202	87.5367
	2000	295152	1920486	7.50846	91.9425
	2001	300439	2227086	7.71277	93.9250
	2002	328585	2693432	7.58853	95.9203
	2003	331771	3271534	7.69038	97.6734
	2004	335255	4414618	7.80768	97.2194
	2005	375670	5153103	8.13395	97.5088
	2006	381127	6146784	8.25266	97.6586
	2007	437923	7699864	8.43308	97.3893
	2008	511670	8836323	9.06437	97.6696

附录 1－13 续

地区	年份	科技活动人员数	科技活动经费内部支出（万元，1997基期＝100）	人力资本水平	工业废水排放达标率%
浙江	1997	52688	258801	6. 81484	70. 3111
	1999	55303	310864	7. 14439	80. 3670
	2000	125559	924538	7. 24236	84. 7889
	2001	136302	1094963	7. 33846	96. 4671
	2002	163914	1341225	7. 67559	96. 3255
	2003	188408	1709867	7. 76000	97. 2033
	2004	209275	2234894	7. 95072	95. 9352
	2005	257749	2899505	7. 61371	96. 6491
	2006	310526	3624766	8. 06019	86. 3828
	2007	347787	4357077	8. 10565	86. 0889
	2008	413108	4825185	8. 78984	90. 8254
福建	1997	30988	123624	6. 73419	53. 9017
	1999	33621	171509	6. 77400	67. 1018
	2000	64155	436592	7. 17775	80. 8338
	2001	70860	481172	7. 57124	95. 2011
	2002	67508	474427	7. 45672	95. 6477
	2003	71504	670015	7. 58698	97. 1999
	2004	79953	811954	7. 49181	97. 1891
	2005	85879	975745	7. 54298	97. 6592
	2006	101100	1255972	7. 72628	97. 9441
	2007	112758	1477795	7. 74683	98. 2730
	2008	130618	1645692	8. 60007	98. 4485
山东	1997	166920	555273	6. 50314	53. 3619
	1999	188663	844472	6. 82467	77. 9032
	2000	230884	1450649	7. 32626	93. 1284
	2001	227874	1686134	7. 83161	93. 9601
	2002	243299	1944005	8. 07949	96. 3747
	2003	260161	2153330	7. 85180	97. 1164
	2004	279156	2738453	7. 94389	96. 9955
	2005	274058	3382443	7. 72186	98. 2275
	2006	285381	4072519	8. 09367	98. 0432
	2007	330500	5150833	8. 22551	98. 0736
	2008	363503	5811119	8. 85491	98. 8563

附录1－14 续

地区	年份	科技活动人员数	科技活动经费内部支出（万元，1997基期＝100）	人力资本水平	工业废水排放达标率%
广东	1997	106583	669415	7.50438	57.3843
	1999	115487	940241	7.61228	61.0062
	2000	222073	2135946	7.68387	77.3934
	2001	232492	2550869	7.75092	84.1028
	2002	267376	2881382	8.09437	89.6644
	2003	277576	3217106	8.00826	82.9284
	2004	292927	3576469	8.13014	83.8728
	2005	320406	4040100	8.36496	83.8993
	2006	368805	4816326	8.43781	84.8760
	2007	448946	5852798	8.68016	86.0462
	2008	527477	6587632	9.21228	89.7330
海南	1997	3762	11460	7.21212	48.8442
	1999	4353	26192	7.25123	53.7391
	2000	5754	26707	7.41193	86.8347
	2001	4653	23974	7.56680	93.4152
	2002	3587	28625	7.94280	93.6123
	2003	3723	31533	8.19048	93.8727
	2004	5631	44545	8.40607	93.7627
	2005	8654	77979	8.10865	93.6187
	2006	9053	89039	8.16899	94.6266
	2007	8877	93779	8.32470	94.6289
	2008	10509	107828	8.99427	94.7087
山西	1997	54270	109133	7.68231	59.1011
	1999	52531	155611	7.82309	49.9671
	2000	73574	294448	8.00467	61.8898
	2001	70968	318341	8.16618	81.1340
	2002	75889	407074	8.24573	86.5127
	2003	78601	432563	8.39833	87.0995
	2004	92789	575134	8.38335	89.6219
	2005	108560	694145	8.41713	88.8688
	2006	121768	1076432	8.69654	68.8961
	2007	127998	1348301	8.77832	88.2263
	2008	133570	1447011	9.07271	85.6112

附录1－15续

地区	年份	科技活动人员数	科技活动经费内部支出（万元，1997基期＝100）	人力资本水平	工业废水排放达标率%
吉林	1997	57707	189414	8.02739	65.5679
	1999	60727	198416	8.22875	62.4849
	2000	76584	318702	8.36588	65.8696
	2001	70252	370855	8.50287	65.5254
	2002	64036	567914	8.61369	76.9974
	2003	64760	496617	8.70260	76.7448
	2004	63514	585487	8.79920	79.4447
	2005	74709	812747	8.46829	81.2304
	2006	82017	823199	8.65970	81.4069
	2007	92728	925692	8.77638	87.5818
	2008	97353	851999	9.16295	87.1979
黑龙江	1997	70217	190580	7.85622	60.5031
	1999	71020	232458	7.82461	68.1257
	2000	92036	395193	8.03939	83.8690
	2001	89178	456233	8.25481	92.5289
	2002	90607	498772	8.29897	92.7724
	2003	92857	581624	8.40916	94.1674
	2004	94531	606729	8.49193	93.6911
	2005	107550	698063	8.45998	92.4731
	2006	109397	786346	8.53196	87.8195
	2007	115073	913990	8.69741	85.3917
	2008	115777	1045959	9.01015	86.7849
安徽	1997	72625	194102	6.55707	61.9516
	1999	62735	232353	6.54331	79.2364
	2000	97169	424834	6.84059	84.5482
	2001	89475	522490	7.13491	95.2411
	2002	88240	648409	6.98805	95.7415
	2003	86017	807870	7.66342	95.8804
	2004	86028	949224	7.48732	96.9120
	2005	90495	1155778	7.03860	97.3680
	2006	96713	1433332	7.33728	97.1163
	2007	113209	1673302	7.24498	94.7734
	2008	149049	1901441	8.10491	96.1661

附录1－16续

地区	年份	科技活动人员数	科技活动经费内部支出（万元，1997基期＝100）	人力资本水平	工业废水排放达标率%
江西	1997	56283	86209	7.04669	56.0115
	1999	52581	116483	7.11578	61.7090
	2000	59405	175657	7.41188	68.6338
	2001	58871	172458	7.71821	75.9005
	2002	56124	224898	7.47915	77.5949
	2003	64382	313908	8.29325	83.0597
	2004	64963	356815	7.98311	88.6640
	2005	67172	433644	7.53133	92.1330
	2006	71484	553784	7.71202	93.2344
	2007	72596	680029	8.24670	93.8853
	2008	77340	791355	8.77047	92.9850
河南	1997	116519	261364	7.10141	58.3345
	1999	112059	298353	7.10345	70.9969
	2000	151766	578339	7.54132	80.8507
	2001	140341	610888	7.98010	85.8151
	2002	143210	637963	8.07633	90.1189
	2003	146364	726178	7.96675	91.4694
	2004	144342	1052416	8.21924	93.6767
	2005	157389	1128704	7.98551	91.9353
	2006	177272	1587726	8.05400	92.9824
	2007	192165	1888802	8.18266	94.0303
	2008	206496	1930539	8.72078	94.8657
湖北	1997	126317	441138	7.22150	64.5287
	1999	133393	558251	7.29042	59.8224
	2000	167732	877532	7.60605	75.5071
	2001	157136	846642	7.92120	80.5780
	2002	190840	964351	7.34214	84.2091
	2003	192724	1046492	7.92014	83.7820
	2004	149663	1136528	8.09618	85.7775
	2005	159417	1365947	7.82228	87.5519
	2006	170151	1602572	8.25800	90.9859
	2007	173490	1854863	8.42336	93.6418
	2008	184072	2226129	8.93354	93.6661

附录1-17续

地区	年份	科技活动人员数	科技活动经费内部支出（万元，1997基期=100）	人力资本水平	工业废水排放达标率%
湖南	1997	83007	211798	7.22428	59.4737
	1999	79117	245044	7.44693	58.2737
	2000	103704	550272	7.66297	66.0928
	2001	99410	612605	7.88227	74.1162
	2002	103840	652172	7.91002	77.6183
	2003	97031	692485	8.05148	79.8561
	2004	104884	834193	8.15716	83.6460
	2005	121421	938365	7.99092	89.7411
	2006	130239	1113306	8.16877	91.5960
	2007	136416	1267080	8.41965	89.8328
	2008	147648	1622648	8.86964	92.1128
内蒙古	1997	28192	60819	7.18158	47.3715
	1999	25678	54116	7.35424	47.9219
	2000	36855	92411	7.52960	64.6219
	2001	33402	117888	7.70504	71.5744
	2002	34281	145176	7.87808	69.3099
	2003	34367	177445	7.76842	63.9437
	2004	35150	239447	8.16984	61.1345
	2005	38040	302739	8.22336	66.6239
	2006	39858	375973	8.19216	76.9723
	2007	41998	413158	8.35684	73.6865
	2008	47997	582185	8.79295	82.6002
广西	1997	30473	87159	6.61297	48.7305
	1999	38040	87668	6.84463	48.5892
	2000	48640	218778	7.23204	62.8741
	2001	47233	226503	7.61501	80.4148
	2002	48703	257610	7.62162	84.1937
	2003	45995	336895	7.76787	86.5212
	2004	51353	376850	8.01579	86.5975
	2005	55614	467284	7.65945	83.6988
	2006	58630	406793	8.03394	92.9133
	2007	66745	563355	8.03248	92.8123
	2008	67486	635806	8.39025	85.6837

附录1－18续

地区	年份	科技活动人员数	科技活动经费内部支出（万元，1997基期＝100）	人力资本水平	工业废水排放达标率%
大四川	1997	212218	725130	6.57786	56.3167
	1999	207215	794843	6.71385	56.8728
	2000	238805	1222768	6.97818	66.1663
	2001	226738	1448753	7.24091	76.5298
	2002	238319	1666995	7.32691	72.2718
	2003	237875	1923968	7.48306	85.0806
	2004	244501	2122824	7.39965	89.2976
	2005	251825	2775559	6.97907	90.4697
	2006	270464	2958105	7.32654	88.4852
	2007	292778	3384915	7.50790	91.6287
	2008	309547	3593047	7.58439	94.3731
贵州	1997	35868	51833	5.84939	39.2956
	1999	34175	72513	6.07577	29.8001
	2000	34041	100555	6.31104	47.4124
	2001	33989	123062	6.54362	58.2068
	2002	32897	141556	6.73236	56.7857
	2003	31821	149800	6.88871	55.9679
	2004	29870	187407	6.98164	58.1550
	2005	31348	213403	6.41815	67.7037
	2006	35957	270851	6.59396	71.8409
	2007	39187	301975	6.84305	71.9229
	2008	39387	368722	7.65709	71.7059
云南	1997	30774	114454	5.78887	32.3817
	1999	27174	113549	5.81940	31.2259
	2000	52994	208643	6.00801	46.2596
	2001	60185	211107	6.19490	65.1026
	2002	53612	249467	6.11920	65.8416
	2003	50191	247550	6.04047	69.7504
	2004	47976	310847	6.81568	74.7279
	2005	49737	401556	6.37782	80.9615
	2006	53371	441134	6.66258	89.1559
	2007	57544	514464	6.78506	90.5100
	2008	63737	616649	7.45387	92.6597

附录 1 - 19 续

地区	年份	科技活动人员数	科技活动经费内部支出（万元，1997基期 = 100）	人力资本水平	工业废水排放达标率%
陕西	1997	133405	438777	7.06605	59.8447
	1999	140205	498915	7.14415	59.8689
	2000	155051	758163	7.36516	63.9064
	2001	141140	907206	7.58553	79.9469
	2002	135251	953269	7.43042	83.5880
	2003	135997	1104688	8.11152	86.9117
	2004	133077	1399550	8.26243	91.5945
	2005	139779	1447712	8.06237	92.7252
	2006	145091	1563578	8.29885	89.2265
	2007	148817	1794785	8.40039	96.1445
	2008	147667	2072294	8.95628	97.2255
甘肃	1997	55391	141497	6.12726	55.5644
	1999	48683	144923	6.35167	55.4335
	2000	66828	198192	6.53701	71.3301
	2001	70519	211884	6.72050	72.3338
	2002	69485	234076	6.78047	72.2569
	2003	59770	257074	7.03760	76.0850
	2004	51693	296195	7.23588	73.1974
	2005	51059	337496	6.86000	73.2290
	2006	57975	437108	6.77738	79.0766
	2007	53328	516635	7.06440	80.9627
	2008	54031	491338	7.80795	58.9454
青海	1997	13169	22410	4.69257	65.3389
	1999	13599	27085	5.96797	69.9243
	2000	10161	47206	5.96800	81.0341
	2001	9857	53489	5.96804	79.9772
	2002	13160	62646	6.34843	59.9498
	2003	9100	64714	6.72014	59.8610
	2004	8786	68437	6.80179	62.7257
	2005	10116	77925	6.75811	44.5728
	2006	10476	89268	6.99272	48.6468
	2007	11169	100553	7.17867	50.2486
	2008	10879	115998	7.88865	53.0713

附录1－20续

地区	年份	科技活动人员数	科技活动经费内部支出（万元，1997基期＝100）	人力资本水平	工业废水排放达标率%
宁夏	1997	7119	23026	6.44752	36.7406
	1999	7995	33655	6.66197	31.2821
	2000	11504	51487	6.97434	35.3409
	2001	11160	55181	7.28122	41.7129
	2002	12521	61869	7.39207	56.0170
	2003	10228	61090	7.34750	58.5475
	2004	10202	70394	7.70261	80.7150
	2005	10316	84815	7.37494	67.7596
	2006	13070	124520	7.62515	64.7568
	2007	14482	169650	7.82197	69.6962
	2008	14780	141014	8.60851	87.4609
新疆	1997	21144	71277	7.51204	44.2162
	1999	25472	77358	7.94163	43.4305
	2000	25147	134845	7.97661	51.5652
	2001	24252	139515	8.01000	60.3977
	2002	24746	147875	8.36641	68.1176
	2003	25246	168400	8.37619	59.6577
	2004	25070	233479	8.48507	61.3831
	2005	27722	213420	8.20329	59.3108
	2006	28475	250462	8.29537	61.0760
	2007	30195	280645	8.51134	65.0271
	2008	34197	385156	8.67821	65.9148

附录2　第4章的“行业”部分数据汇集表

附录2－1

行业	年份	工业废水排放达标率%	大中型工业企业		
			专利申请项	工业总产值（亿元，2001基期＝100）	科技活动经费内部支出（万元，2001基期＝100）
煤炭开采和洗选业	2001	83.9764	122	1152.99	177972
	2002	85.3658	166	1303.66	253761
	2003	90.0410	149	1690.48	298212
	2004	84.0666	210	2276.91	513420
	2005	84.2637	250	2520.59	646380
	2006	88.8788	375	2949.00	851213
	2007	92.6617	425	3499.67	1013677
	2008	92.6034	715	4298.31	1257930
	2009	91.8111	984	4645.34	755508
	2010	93.1048	1314	5806.26	852360
石油和天然气开采业	2001	90.7551	440	2717.77	290791
	2002	88.8359	389	2868.42	244586
	2003	95.3119	601	2832.31	283931
	2004	94.9190	771	3305.27	438675
	2005	93.7167	774	3266.80	390940
	2006	95.7323	1023	3308.08	407091
	2007	93.3181	1113	3486.87	549917
	2008	96.8507	1150	3807.25	642220
	2009	98.1125	1429	4014.04	506684
	2010	99.7897	1654	3871.81	690586

附录2－2续

行业	年份	工业废水排放达标率%	大中型工业企业		
			专利申请项	工业总产值（亿元，2001基期＝100）	科技活动经费内部支出（万元，2001基期＝100）
黑色金属矿采选业	2001	86.7124	3	61.96	3895
	2002	87.7374		68.16	10151
	2003	87.7753	10	163.17	8088
	2004	89.2124	12	189.13	31165
	2005	90.0976	21	236.77	12205
	2006	92.2558	15	349.04	20076
	2007	93.3770	30	463.39	32442
	2008	92.6745	46	620.27	64068
	2009	94.2348	63	746.22	14523
	2010	91.2008	90	1133.24	24299
有色金属矿采选业	2001	83.4773	13	158.71	27468
	2002	85.6395	5	168.48	19406
	2003	83.9291	28	276.49	22454
	2004	76.5662	12	367.09	34267
	2005	90.0148	13	417.27	47843
	2006	88.8595	48	481.51	51770
	2007	88.4415	78	537.65	76214
	2008	87.6438	88	591.74	101798
	2009	87.7308	125	646.17	62433
	2010	92.6616	135	748.82	51889
非金属矿采选业	2001	89.1821	10	116.49	13757
	2002	89.8937	30	130.14	15273
	2003	92.5078	3	156.69	16948
	2004	95.0465	32	173.40	25594
	2005	92.2039	10	181.76	27687
	2006	92.0951	22	245.15	28584
	2007	93.8371	45	272.14	57844
	2008	95.1660	56	326.43	75594
	2009	94.4683	73	398.31	16131
	2010	95.1777	59	421.37	21370

附录2－3续

行业	年份	工业废水排放达标率%	大中型工业企业		
			专利申请项	工业总产值（亿元，2001基期＝100）	科技活动经费内部支出（万元，2001基期＝100）
造纸及纸制品业	2001	79.0351	56	885.08	114795
	2002	84.3634	55	1033.49	145795
	2003	85.8631	112	1404.20	168864
	2004	89.8850	109	1823.01	221903
	2005	91.3339	137	2229.02	271011
	2006	89.7988	161	2661.16	411581
	2007	90.1969	265	3349.00	445273
	2008	92.0155	507	3766.12	444140
	2009	93.5233	635	4010.43	259681
	2010	96.0171	1247	5000.75	287416
化学原料及化学制品制造业	2001	86.4572	778	3773.49	694770
	2002	88.8525	770	4242.22	836626
	2003	90.9780	1271	5400.85	1061057
	2004	91.2704	1606	6642.18	1433624
	2005	91.9983	2155	7728.88	1786992
	2006	91.8198	2508	9297.76	2042364
	2007	93.8142	2870	11397.47	2632760
	2008	94.2206	3935	12565.59	2819031
	2009	94.9762	5917	14752.04	1598399
	2010	96.0963	5743	18326.51	1940109
非金属矿物制品业	2001	87.1940	466	1558.40	263445
	2002	89.9827	409	1714.24	260336
	2003	92.1536	603	2593.44	307679
	2004	92.9790	1220	3193.41	329020
	2005	94.3956	1482	3852.93	467107
	2006	92.5702	1825	4695.91	518421
	2007	91.1578	2178	6035.55	612495
	2008	93.8700	2524	7125.41	849654
	2009	92.8514	5283	8122.88	478922
	2010	93.8127	5192	10409.83	637485

附录2－4续

行业	年份	工业废水排放达标率%	大中型工业企业		
			专利申请项	工业总产值（亿元，2001基期＝100）	科技活动经费内部支出（万元，2001基期＝100）
黑色金属冶炼及压延加工业	2001	93.2739	463	4501.74	753567
	2002	93.4151	652	5125.33	1031095
	2003	94.1783	755	7847.72	1501932
	2004	95.8558	921	10080.49	2091058
	2005	96.4657	1143	12958.16	2643646
	2006	97.0898	1837	16119.05	3180823
	2007	97.2860	2787	19749.11	4281890
	2008	95.3464	3529	22223.92	5103811
	2009	96.8708	4824	24995.39	2480271
	2010	98.3280	5813	28258.70	3151813
电力热力生产和供应业	2001	95.3165	92	3906.31	318510
	2002	97.8934	223	4524.73	254061
	2003	83.9404	190	5241.18	222197
	2004	97.9691	275	9366.00	368829
	2005	98.2827	302	13073.13	365879
	2006	96.7400	266	14983.40	416059
	2007	97.9480	619	18739.44	527919
	2008	98.5316	1912	21131.32	697377
	2009	97.0224	2974	24156.15	238671
	2010	98.0782	2891	29007.59	250392
农副食品加工业	2001	72.8293	93	1703.30	86638
	2002	81.3702	105	1948.27	104576
	2003	79.2910	116	2567.36	109911
	2004	81.5199	252	3012.51	122474
	2005	79.5577	179	3732.25	221464
	2006	85.9089	457	4518.04	297389
	2007	89.5946	440	5305.65	390258
	2008	81.4033	737	6237.82	434731
	2009	91.8051	1224	7465.38	298823
	2010	91.9203	1908	9014.04	374855

附录2-5续

行业	年份	工业废水排放达标率%	大中型工业企业		
			专利申请项	工业总产值（亿元，2001基期=100）	科技活动经费内部支出（万元，2001基期=100）
医药制造业	2001	83.2996	735	1300.66	316778
	2002	87.4683	1000	1555.99	430527
	2003	91.9803	1305	1977.18	514967
	2004	94.8211	1696	2434.40	567510
	2005	94.7890	2708	2803.48	699079
	2006	94.7985	2383	3248.30	849971
	2007	94.1857	3056	3989.08	1009280
	2008	95.6610	3917	4720.42	1064839
	2009	96.7470	4785	5540.43	808947
	2010	97.4166	5767	6669.42	961143
化学纤维制造业	2001	85.9067	48	768.52	224136
	2002	90.2658	35	857.51	163226
	2003	90.3924	111	1158.32	201367
	2004	92.7634	128	1499.34	199321
	2005	93.6969	155	1840.70	250378
	2006	95.5978	306	2236.62	338064
	2007	97.2360	452	2796.17	480011
	2008	96.7392	446	2551.57	445396
	2009	95.4457	710	2685.55	262970
	2010	94.7140	1609	3139.40	321150
有色金属冶炼及压延加工业	2001	82.4277	243	1462.41	251266
	2002	82.5932	416	1586.95	244325
	2003	79.8495	506	2312.07	300219
	2004	82.4012	770	3008.14	492902
	2005	86.4410	1088	3645.28	637001
	2006	88.6355	1509	4880.16	1042908
	2007	93.9283	2062	5894.30	1264263
	2008	95.0588	3034	6870.35	1387704
	2009	95.3990	3178	7980.09	790821
	2010	96.1045	3335	9514.44	931609

附录2－6续

行业	年份	工业废水排放达标率%	大中型工业企业		
			专利申请项	工业总产值（亿元，2001基期＝100）	科技活动经费内部支出（万元，2001基期＝100）
金属制品业	2001	90.6660	323	813.77	100204
	2002	91.7091	399	950.84	114123
	2003	93.0861	591	1577.68	155126
	2004	94.3262	1093	2007.45	225484
	2005	95.1133	2008	2447.69	308762
	2006	94.0529	1590	3195.99	374061
	2007	94.9248	1989	4029.73	551762
	2008	95.6640	3433	4667.79	622498
	2009	96.2351	4286	4756.47	374397
	2010	96.0562	5355	6231.13	484826
纺织业	2001	91.6363	348	2579.62	266445
	2002	93.7341	576	2884.29	346363
	2003	93.0520	536	4580.76	391395
	2004	94.9615	719	5558.43	507741
	2005	96.3584	1297	6687.39	579275
	2006	92.4818	1968	7634.22	664168
	2007	90.9231	4663	8941.21	850432
	2008	94.8099	5629	9474.96	855295
	2009	96.5248	5382	10129.55	561744
	2010	97.4195	6388	11883.37	663406
皮革毛皮羽绒及制品业	2001	78.7804	30	408.51	16793
	2002	81.0595	20	435.86	23255
	2003	90.2716	70	1183.37	39656
	2004	93.6711	105	1459.44	43304
	2005	93.8216	124	1703.36	57324
	2006	92.4533	179	1958.64	85365
	2007	85.0912	294	2463.29	99938
	2008	88.9936	546	2709.71	100030
	2009	92.4796	857	3043.83	66289
	2010	94.1572	1003	3901.24	81146

附录2－7续

行业	年份	工业废水排放达标率%	大中型工业企业		
			专利申请项	工业总产值（亿元，2001基期＝100）	科技活动经费内部支出（万元，2001基期＝100）
石油加工及炼焦及核燃料加工业	2001	96.1093	226	3984.19	153242
	2002	94.7092	236	4246.07	156089
	2003	96.6240	265	5095.28	148423
	2004	97.5856	389	6618.34	313100
	2005	97.6483	411	7342.53	386584
	2006	97.2909	242	7800.27	360715
	2007	98.2368	204	8717.73	437929
	2008	94.0422	256	9198.96	451724
	2009	95.5848	395	9417.00	274760
	2010	98.1087	558	11030.85	343512
橡胶制品业	2001	95.2900	144	531.49	17035
	2002	97.1699	141	605.50	107380
	2003	97.5237	156	949.27	107415
	2004	97.1466	249	1229.79	207627
	2005	98.5780	299	1454.97	266699
	2006	98.1760	256	1672.50	382534
	2007	94.6645	420	2024.33	530271
	2008	96.6186	771	2195.60	499502
	2009	98.8347	1085	2469.38	298653
	2010	98.4139	1443	3018.51	410141
塑料制品业	2001	84.0417	182	691.57	111476
	2002	97.4556	597	826.57	107760
	2003	95.6911	302	1260.55	125333
	2004	93.1292	440	1525.86	188881
	2005	96.5035	425	1771.15	210844
	2006	89.5673	659	2143.75	255480
	2007	78.0291	919	2550.54	323757
	2008	87.4019	1283	2830.83	377330
	2009	91.2910	2577	3091.96	242958
	2010	95.5826	2868	3865.36	321030